KB066627

<table>
<tr><td>HSK 인강
할인
이벤트</td><td colspan="2">맛있는 스쿨 ▶ HSK 단과 강좌 할인 쿠폰</td></tr>
</table>

할인 쿠폰 사용 안내

1. 맛있는스쿨(cyberjrc.com)에 접속하여 [회원가입] 후 로그인을 합니다.
2. 메뉴中[쿠폰] → 하단[쿠폰 등록하기]에 쿠폰번호 입력→[등록]을 클릭하면 쿠폰이 등록됩니다.
3. [HSK 단과 강좌] 수강 신청 후, [온라인 쿠폰 적용하기]를 클릭하여 등록된 쿠폰을 사용하세요.
4. 결제 후, [나의 강의실]에서 수강합니다.

쿠폰 사용 시 유의 사항

1. 본 쿠폰은 맛있는스쿨 HSK 단과 강좌 결제 시에만 사용이 가능합니다. 파트별 구매는 불가합니다.
2. 본 쿠폰은 타 쿠폰과 중복 할인이 되지 않습니다.
3. 교재 환불 시 쿠폰 사용이 불가합니다.
4. 쿠폰 발급 후 10일 내로 사용이 가능합니다.
5. 본 쿠폰의 할인 코드는 1회만 사용이 가능합니다.

*쿠폰 사용 문의 : 카카오톡 플친 @맛있는중국어jrc

할인 코드   **hsk_halfcoupon**

HSK 단과 강좌 할인 쿠폰

50% 할인

<table>
<tr><td>전화 화상
할인
이벤트</td><td colspan="2">맛있는 톡 ◎ 할인 쿠폰</td></tr>
</table>

할인 쿠폰 사용 안내

1. 맛있는톡 전화&화상 중국어(phonejrc.com), 영어(eng.phonejrc.com)에 접속하여 [회원가입] 후 로그인을 합니다.
2. 메뉴中[쿠폰]→하단[쿠폰 등록하기]에 쿠폰번호 입력→[등록]을 클릭하면 쿠폰이 등록됩니다.
3. 전화&화상 외국어 수강 신청 시 [온라인 쿠폰 적용하기]를 클릭하여 등록된 쿠폰을 사용하세요.

쿠폰 사용 시 유의 사항

1. 본 쿠폰은 전화&화상 외국어 결제 시에만 사용이 가능합니다.
2. 본 쿠폰은 타 쿠폰과 중복 할인이 되지 않습니다.
3. 교재 환불 시 쿠폰 사용이 불가합니다.
4. 쿠폰 발급 후 60일 내로 사용이 가능합니다.
5. 본 쿠폰의 할인 코드는 1회만 사용이 가능합니다.

*쿠폰 사용 문의 : 카카오톡 플친 @맛있는중국어jrc

할인 코드   **jrcphone2qsj**

전화&화상 외국어 할인 쿠폰

10,000원

100만 독자의 선택
맛있는 중국어 HSK 시리즈

기본서

▶ **시작**에서 **합격**까지 **4주** 완성
▶ **모의고사 동영상** 무료 제공(6급 제외)
▶ 기본서+해설집+모의고사 All In One 구성
▶ 필수 **단어장** 별책 제공

맛있는 중국어 HSK 1~2급 첫걸음	맛있는 중국어 HSK 3급	맛있는 중국어 HSK 4급	맛있는 중국어 HSK 5급	맛있는 중국어 HSK 6급

모의고사

맛있는 중국어   맛있는 중국어   맛있는 중국어   맛있는 중국어   맛있는 중국어
HSK 1~2급   HSK 3급 400제   HSK 4급 1000제   HSK 5급 1000제   HSK 6급 1000제
첫걸음 400제

▶ 실전 HSK **막판 뒤집기!**
▶ 상세하고 친절한 **해설집 PDF** 파일 **제공**
▶ 학습 효과를 높이는 **듣기 MP3** 파일 **제공**

단어장

맛있는 중국어   맛있는 중국어   맛있는 중국어   맛있는 중국어
HSK 1~4급 단어장   HSK 1~3급 단어장   HSK 4급 단어장   HSK 5급 단어장

▶ 주제별 분류로 **연상 학습** 가능
▶ HSK **출제 포인트**와 **기출 예문**이 한눈에!
▶ **단어 암기**부터 HSK **실전 문제 적용**까지 한 권에!
▶ 단어&예문 **암기 동영상** 제공

맛있는 중국어

중국어

HSK 1~2급

실전

첫걸음

HSK 막판 뒤집기!

JRC 중국어연구소 기획·저

400제

맛있는 books

맛있는
중국어
HSK 1~2급 첫걸음
400제

초판 1쇄 발행	2018년 11월 20일
초판 3쇄 발행	2023년 3월 30일

기획·저	JRC 중국어연구소
발행인	김효정
발행처	맛있는books
등록번호	제2006-000273호
편집	최정임
디자인	이솔잎
제작	박선희

주소	서울시 서초구 명달로 54 JRC빌딩 7층
전화	구입문의 02·567·3861 ┃ 02·567·3837
	내용문의 02·567·3860
팩스	02·567·2471
홈페이지	www.booksJRC.com

ISBN	979-11-6148-023-7 14720
	979-11-6148-018-3 (세트)
정가	14,900원

머리말

HSK를 준비하는 학습자들이 시간을 제대로 안배하지 못해 시험 문제를 풀지 못하거나, 최신 출제 경향을 파악하지 못해 합격하지 못하는 경우가 있습니다. 이런 학습자들을 위해 실전처럼 충분히 연습해 볼 수 있는 적중률 높은 문제를 수록한 『맛있는 중국어 HSK 첫걸음 1~2급 400제』를 기획하게 되었습니다.

『맛있는 중국어 HSK 첫걸음 1~2급 400제』는 HSK를 준비하는 학습자들이 좀 더 효율적으로 시험을 준비할 수 있도록 구성했습니다.

1. 최신 경향을 반영한 모의고사 1, 2급 각 4회분을 수록했습니다. 400개의 문제를 풀다 보면, 자연스레 문제 유형을 익힐 수 있고 실전 연습을 충분히 할 수 있습니다.

2. 상세하고 친절한 해설집(PDF 파일)을 무료로 제공합니다. 해설집에는 단어, 해석, 공략이 상세하게 제시되어 있어 틀린 문제는 왜 틀렸는지 이해하기 쉽습니다.

3. 듣기 영역에 취약한 학습자를 위해 실제 시험과 동일한 실전용 MP3 파일과 복습할 때 유용한 문제별 MP3 파일을 제공합니다. MP3 파일은 맛있는북스 홈페이지(www.booksJRC.com)에서 무료로 다운로드 할 수 있습니다.

『맛있는 중국어 HSK 첫걸음 1~2급 400제』는 JRC 중국어연구소 HSK 연구위원들이 新HSK 시행 이후 출제된 문제를 다각도로 분석하고 최신 출제 경향을 반영하여 모의고사 1, 2급 각 4회분을 구성했습니다. 연구위원들이 엄선한 문제로 HSK를 준비하다 보면, 합격에 좀 더 쉽고 빨리 다가갈 수 있을 것입니다.

HSK에 도전하는 여러분이 HSK 합격은 물론, 고득점까지 취득할 수 있도록 『맛있는 중국어 HSK 첫걸음 1~2급 400제』가 든든한 버팀목이 되어 줄 것입니다. 이제, HSK에 당당히 도전해 보세요!

JRC 중국어연구소

차례

맛있는
중국어
HSK 1~2급
첫걸음
400제

답안카드 187

『맛있는 중국어 HSK 첫걸음 1~2급 400제』
합격을 향한 막판 뒤집기!

1. 최신 경향을 반영한 적중률 높은 실전 모의고사 각 4회분 수록

실제 HSK 문제와 동일하게 구성한 **최신 모의고사 1, 2급** 각 **4회분**을 수록했습니다.
최신 경향을 반영한 문제로 **문제 유형, 시간 분배, 공략 스킬** 등 HSK **합격**을 위한
A부터 Z까지 문제를 풀면서 충분히 연습해 보세요.

2. 합격은 기본, 고득점까지 한 권으로 완벽 대비

문제를 풀면서 시험에 대한 부담감은 줄이고 부족한 실력은 높이세요. 1회부터 4회까
지 문제를 풀고 틀린 문제는 해설집을 참고하여 여러 번 복습하다 보면, **합격**뿐만 아
니라 **고득점**까지 **달성**할 수 있습니다.

모의고사 1회   모의고사 2~3회   모의고사 4회
문제 유형 파악   실전 트레이닝   고득점을 위한 마무리

3. 상세하고 친절한 해설집 PDF 파일 무료 제공

문제를 제대로 이해하고 학습할 수 있도록 400개의 문제에 대한 단어, 해석, 공략이 모두 담겨 있는 **해설집 PDF 파일을 무료로 제공**합니다. 지금 바로 **맛있는북스 홈페이지(www.booksJRC.com)**에서 다운로드 하세요.

4. 학습 효과를 높이는 듣기 음원 파일 제공

실제 시험과 동일한 형식과 속도로 녹음한 **실전용 MP3 파일**과 복습할 때 필요한 문제만 골라 들을 수 있는 **문제별 MP3 파일**을 제공합니다. 모의고사를 풀 때는 실전용 MP3 파일로, 복습할 때는 문제별 MP3 파일로 편리하게 학습하세요. 또한, 듣기 영역에 취약한 학습자들은 문제별 MP3 파일과 녹음 대본을 활용하여 안 들리는 부분을 집중적으로 트레이닝 할 수 있습니다.

실전용
MP3

문제별
MP3

녹음
대본

HSK, 이렇게 시작해 보세요!

Step 1.

MP3 파일을 다운로드 해주세요. 도서에 수록된 **QR 코드**를 찍으면 **실전용 MP3 파일**이 바로 재생됩니다.

(MP3 파일은 **맛있는북스 홈페이지(www.booksJRC.com)** 에서 **무료**로 **다운로드** 할 수 있습니다.)

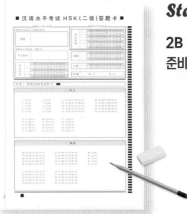

Step 2.

2B 연필과 **지우개**, 도서 뒤에 있는 **답안카드**를 준비해 주세요.

Step 3.

시험에 방해되는 요소들을 제거한 후, 오늘 학습할 부분을 펴고 타이머를 맞춰 주세요.

Step 4.

정해진 시간 안에 실제 시험처럼 문제를 풀고 정답을 맞춰 보세요.

(HSK 1급의 시험 시간은 **독해** 영역 **17분**,
HSK 2급의 시험 시간은 **독해** 영역 **22분**입니다.)

Step 5.

해설집 PDF 파일을 다운로드 한 후, 틀린 문제는 해설집을 보면서 복습해 보세요.

(해설집 PDF 파일은 **맛있는북스 홈페이지(www.booksJRC. com)** 자료실에서 무료로 다운로드 할 수 있습니다.)

Step 6.

듣기 영역을 복습할 때는 문제별 MP3 파일에서 편리하게 음원을 찾아 들으세요. 같은 문제를 여러 번 들으면서 듣기 트레이닝을 해보고, 잘 안 들리는 내용은 본 도서에 수록된 **녹음 대본**을 확인하세요. 녹음 대본은 잘라서 편리하게 활용할 수 있습니다.

학습 자료, 이렇게 다운로드 하세요!

듣기 MP3 파일 다운로드
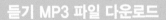
▲바로 다운로드

PC에서

맛있는북스 홈페이지 접속
(www.booksJRC.com)

홈페이지 상단 [MP3 다운로드→
무료 MP3 다운로드] 클릭

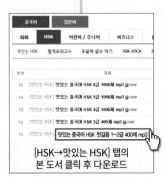

[HSK→맛있는 HSK] 탭의
본 도서 클릭 후 다운로드

해설집 PDF 파일 다운로드

▲바로 다운로드

PC에서

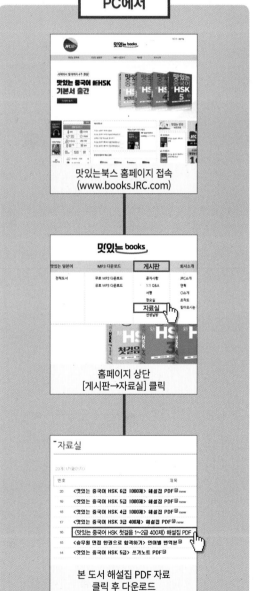

맛있는북스 홈페이지 접속
(www.booksJRC.com)

홈페이지 상단
[게시판→자료실] 클릭

본 도서 해설집 PDF 자료
클릭 후 다운로드

# HSK 소개

1. HSK란?

HSK(汉语水平考试 **H**ànyǔ **S**huǐpíng **K**ǎoshì)는 제1언어가 중국어가 아닌 사람의 중국어 능력을 평가하기 위해 만들어진 중국 정부 유일의 국제 중국어 능력 표준화 고시입니다. 생활, 학습, 업무 등 실생활에서의 중국어 운용 능력을 중점적으로 평가합니다.

2. 시험 구성

HSK는 중국어 듣기·독해·쓰기 능력을 평가하는 **필기 시험**(HSK 1~6급)과 중국어 말하기 능력을 평가하는 **회화 시험**(HSKK 초급·중급·고급)으로 나뉘며, 필기 시험과 회화 시험은 각각 독립적으로 시행됩니다.

HSK	HSK **1급**	HSK **2급**	HSK **3급**	HSK **4급**	HSK **5급**	HSK **6급**
	150 단어 이상	300 단어 이상	600 단어 이상	1200 단어 이상	2500 단어 이상	5000 단어 이상
HSKK	HSKK **초급**		HSKK **중급**		HSKK **고급**	

3. 시험 방식

- PBT(**P**aper-**B**ased **T**est) : 기존 방식의 시험지와 OMR 답안지로 진행하는 시험 방식입니다.
- IBT(**I**nternet-**B**ased **T**est) : 컴퓨터로 진행하는 시험 방식입니다.

4. 원서 접수

1 **인터넷 접수** : HSK한국사무국(www.hsk.or.kr) 홈페이지에서 접수

2 **우편 접수** : 구비 서류를 동봉하여 HSK한국사무국으로 등기 발송

  + 구비 서류 : 응시원서, 응시비 입금 영수증

3 **방문 접수** : 서울공자아카데미로 방문하여 접수

  + 구비 서류 : 응시원서, 응시비

5. 시험 당일 준비물

1 **수험표**

2 **유효 신분증**

  + 주민등록증 기발급자 : 주민등록증, 운전면허증, 기간 만료 전의 여권, 주민등록증 발급 신청 확인서

  + 주민등록증 미발급자 : 기간 만료 전의 여권, 청소년증, 청소년증 발급 신청 확인서, HSK신분확인서(한국 내 소재 초·중·고등학생만 가능)

  + 군인 : 군장교 신분증(군장교일 경우), 휴가증(현역 사병일 경우)

  주의! 학생증, 사원증, 국민건강보험증, 주민등록등본, 공무원증 등은 신분증으로 인정되지 않음

3 **2B 연필, 지우개**

HSK 1급 소개

HSK 1급에 합격한 응시자는 간단한 중국어 단어와 문장을 이해하고 사용할 수 있습니다. 또한 중국어로 기초적인 일상 회화를 할 수 있습니다.

1. 응시 대상

HSK 1급은 매주 2~3시간씩 1학기(40~60시간) 정도의 중국어를 학습하고, 150개의 상용 어휘와 관련 어법 지식을 마스터한 학습자를 대상으로 합니다.

2. 시험 내용

영역		문제 유형	문항 수		시험 시간	점수
듣기(听力)	제1부분	하나의 구문을 듣고 사진과 일치하는지 판단하기	5	20	약 15분	100점
	제2부분	짧은 문장을 듣고 일치하는 사진 고르기	5			
	제3부분	두 사람의 대화를 듣고 일치하는 사진 고르기	5			
	제4부분	하나의 문장을 듣고 질문에 답하기	5			
듣기 영역 답안 작성					3분	
독해(阅读)	제1부분	사진과 단어가 일치하는지 판단하기	5	20	17분	100점
	제2부분	문장과 일치하는 사진 고르기	5			
	제3부분	질문에 적절한 대답 고르기	5			
	제4부분	빈칸에 들어갈 알맞은 단어 고르기	5			
합계			40 문항		약 35분	200점

＊응시자 개인 정보 작성 시간(5분)을 포함하여 약 40분간 시험이 진행됩니다.
＊듣기 영역의 답안 작성은 듣기 시간 종료 후, 3분 안에 답안카드에 표시해야 합니다.
＊각 영역별 중간 휴식 시간이 없습니다.

3. HSK 성적표

- HSK 1급 성적표에는 듣기 · 독해 두 영역의 점수와 총점이 기재됩니다.
  성적표는 **시험일로부터 45일 이후**에 발송됩니다.
- 각 영역별 **만점**은 **100점**이며, **총점**은 **200점 만점**입니다. 영역별 점수에 상관없이
  총점 120점 이상이면 **합격**입니다.
- HSK PBT 성적은 시험일로부터 1개월, IBT 성적은 시험일로부터 2주 후
  중국고시센터 홈페이지(www.chinesetest.cn)에서 조회할 수 있습니다.
- HSK 성적은 시험일로부터 **2년간** 유효합니다.

HSK 1급 유형 소개

✚ 듣기 (총 20문항, 약 15분)

	제1부분(5문항)	제2부분(5문항)	제3부분(5문항)	제4부분(5문항)
미리 보기				
문제 유형	하나의 구문을 듣고 제시된 사진과 녹음 내용이 일치하는지 판단하는 문제로, 일치하면 √, 일치하지 않으면 X에 마킹합니다.	하나의 짧은 문장을 듣고 보기 ABC 중에서 내용과 일치하는 사진을 고르는 문제입니다.	두 사람의 대화를 듣고 보기 ABCDEF 중에서 내용과 일치하는 사진을 고르는 문제입니다.	하나의 문장을 듣고 질문에 알맞은 답을 보기 ABC에서 고르는 문제입니다.
주의 사항	모든 문제에는 병음이 제시되어 있으며, 녹음 내용은 두 번 들려 줍니다.			

✚ 독해 (총 20문항, 17분)

	제1부분(5문항)	제2부분(5문항)	제3부분(5문항)	제4부분(5문항)
미리 보기				
문제 유형	제시된 사진과 단어가 일치하면 √, 일치하지 않으면 X에 마킹합니다.	하나의 문장을 읽고 보기 ABCDEF 중에서 내용과 일치하는 사진을 고르는 문제입니다.	질문 5개와 대답 5개로 구성된 문제에서, 질문과 대답이 서로 일치하도록 연결합니다.	빈칸에 들어갈 알맞은 단어를 보기 ABCDEF에서 고르는 문제입니다.
주의 사항	모든 문제에는 병음이 제시되어 있습니다.			

HSK 2급 소개

HSK 2급에 합격한 응시자는 중국어로 간단하게 일상생활에서 일어나는 화제에 대해 이야기할 수 있습니다. 초급 중국어의 상위 수준입니다.

1. 응시 대상

HSK 2급은 매주 2~3시간씩 2학기(80~120시간) 정도의 중국어를 학습하고, 300개의 상용 어휘와 관련 어법 지식을 마스터한 학습자를 대상으로 합니다.

2. 시험 내용

영역		문제 유형	문항 수	시험 시간	점수
듣기(听力)	제1부분	하나의 문장을 듣고 사진과 일치하는지 판단하기	10	약 25분	100점
	제2부분	두 사람의 대화를 듣고 일치하는 사진 고르기	10		
	제3부분	두 사람의 짧은 대화를 듣고 질문에 답하기	10		
	제4부분	4~5 문장의 대화를 듣고 질문에 답하기	5		
듣기 영역 답안 작성				3분	
독해(阅读)	제1부분	문장과 일치하는 사진 고르기	5	22분	100점
	제2부분	빈칸에 들어갈 알맞은 단어 고르기	5		
	제3부분	하나의 문장을 읽고 제시된 문장의 옳고 그름 판단하기	5		
	제4부분	제시된 문장과 관련된 문장 고르기	10		
합계			60 문항	약 50분	200점

여기서 35, 25 문항은 각각 듣기, 독해 영역의 합계입니다.

*응시자 개인 정보 작성 시간(5분)을 포함하여 약 55분간 시험이 진행됩니다.
*듣기 영역의 답안 작성은 듣기 시간 종료 후, 3분 안에 답안카드에 표시해야 합니다.
*각 영역별 중간 휴식 시간이 없습니다.

3. HSK 성적표

- HSK 2급 성적표에는 듣기 · 독해 두 영역의 점수와 총점이 기재됩니다.
  성적표는 **시험일로부터 45일 이후**에 발송됩니다.
- 각 영역별 **만점은 100점**이며, **총점은 200점 만점**입니다. 영역별 점수에 상관없이
  총점 120점 이상이면 **합격**입니다.
- HSK PBT 성적은 시험일로부터 1개월, IBT 성적은 시험일로부터 2주 후
  중국고시센터 홈페이지(www.chinesetest.cn)에서 조회할 수 있습니다.
- HSK 성적은 시험일로부터 **2년간** 유효합니다.

HSK 2급 유형 소개

+듣기 (총 35문항, 약 25분)

	제1부분(10문항)	제2부분(10문항)	제3부분(10문항)	제4부분(5문항)
미리 보기				
문제 유형	하나의 문장을 듣고 제시된 사진과 녹음 내용이 일치하는지 판단하는 문제로, 일치하면 √, 일치하지 않으면 X에 마킹합니다.	두 사람의 대화를 듣고 보기 ABCDEF 중에서 내용과 일치하는 사진을 고르는 문제입니다.	두 사람의 대화를 듣고 질문에 알맞은 답을 보기 ABC 중에서 고르는 문제입니다.	4~5 문장으로 구성된 두 사람의 대화를 듣고 질문에 알맞은 답을 보기 ABC 중에서 고르는 문제입니다.
주의 사항	모든 문제에는 병음이 제시되어 있으며, 녹음 내용은 두 번 들려 줍니다.			

+독해 (총 25문항, 22분)

	제1부분(5문항)	제2부분(5문항)	제3부분(5문항)	제4부분(10문항)
미리 보기				
문제 유형	하나의 문장을 읽고 보기 ABCDEF 중에서 내용이 일치하는 사진을 고르는 문제입니다.	빈칸에 들어갈 알맞은 단어를 보기 ABCDEF 중에서 고르는 문제입니다.	하나의 문장을 읽고 ★표 문장의 옳고 그름을 판단하는 문제로, 일치하면 √, 일치하지 않으면 X에 마킹합니다.	제시된 문장과 서로 관련된 문장을 고르는 문제입니다. 문제당 한 문장씩 주어지며, 보기에는 연관된 질문이나 대답이 제시됩니다.
주의 사항	모든 문제에는 병음이 제시되어 있습니다.			

HSK 1~2급 목표 달성 프로젝트

나는 _____ 년 ___ 월 ___ 일

HSK 1급 / 2급 시험에서 _____ 점으로 합격한다!

모의고사 1회부터 4회까지 문제를 풀고 점수를 기입해 보세요.

HSK 1, 2급은 듣기 · 독해 두 영역의 총점이 **120점 이상이면 합격**입니다.

1급

	학습일	듣기(听力)	독해(阅读)	총점
1회	/			
2회	/			
3회	/			
4회	/			

2급

	학습일	듣기(听力)	독해(阅读)	총점
1회	/			
2회	/			
3회	/			
4회	/			

01회

모의고사

녹음 듣기

준비 다 되셨나요?

1. 듣기 파일은 트랙 'TEST 01'입니다.
   (듣기 파일은 **맛있는북스 홈페이지**(www.booksJRC.com)에서 무료로 다운로드 할 수 있습니다.)
   미리 준비하지 않으셨다면 **QR코드**를 스캔해서 듣기 파일을 준비해 주세요.

2. **답안카드**는 본책 187쪽에 수록되어 있습니다. 한 장을 자른 후에 답을 기입하세요.

3. 2B연필, 지우개, 시계도 준비하셨나요? 2B연필은 두 개를 준비하면 더 좋습니다.

好的开始是成功的一半!

시작이 반이다!

汉语水平考试
HSK（一级）

注　意

一、HSK (一级) 分两部分：

    1.　听力（20题，约15分钟）

    2.　阅读（20题，17分钟）

二、听力结束后，有3分钟填写答题卡。

三、全部考试约40分钟（含考生填写个人信息时间5分钟）。

一、听　力

第 一 部 分

第 1–5 题

例如：		√
		×
1.		
2.		
3.		
4.		
5.		

第 二 部 分

第 6–10 题

例如:	A √	B	C
6.	A	B	C
7.	A	B	C
8.	A	B	C

9.			
	A	B	C
10.			
	A	B	C

第 三 部 分

第 11-15 题

A

B

C

D

E

F

例如： 女：Nǐ hǎo!
　　　　你 好！

　　　 男：Nǐ hǎo! Hěn gāoxìng rènshi nǐ.
　　　　你 好！ 很 高兴 认识 你。　　　　　　　　C

11. ☐

12. ☐

13. ☐

14. ☐

15. ☐

第 四 部 分

第 16–20 题

　　　　　Xiàwǔ wǒ qù shāngdiàn, wǒ xiǎng mǎi yìxiē shuǐguǒ.
例如：　下午　我　去　商店，　　我　想　买　一些　水果。

　　　　　Tā xiàwǔ qù nǎlǐ?
　　问：他　下午　去　哪里？

　　　　shāngdiàn　　　　　　yīyuàn　　　　　　　xuéxiào
　　A　商店 √　　　　　B　医院　　　　　　C　学校

　　　　qù Běijīng　　　　　kàn diànyǐng　　　　xué Hànyǔ
16.　A　去 北京　　　　B　看　电影　　　　C　学　汉语

　　　　bàba　　　　　　　māma　　　　　　　lǎoshī
17.　A　爸爸　　　　　　B　妈妈　　　　　　C　老师

　　　　hěn lěng　　　　　　tài rè le　　　　　　xiàyǔ le
18.　A　很 冷　　　　　B　太 热 了　　　　C　下雨 了

　　　　yì běn　　　　　　　sān běn　　　　　　sì běn
19.　A　一 本　　　　　B　三 本　　　　　C　四 本

　　　　míngtiān　　　　　　xià ge yuè　　　　　xīngqītiān
20.　A　明天　　　　　　B　下 个 月　　　　C　星期天

二、阅读

第 一 部 分

第 21-25 题

例如：		diànshì 电视	×
		fēijī 飞机	√
21.		shuō 说	
22.		wǔ 五	
23.		nǚ'ér 女儿	
24.		gōngzuò 工作	
25.		dú 读	

第 二 部 分

第 26–30 题

A

B

C

D

E

F

Wǒ hěn xǐhuan zhè běn shū.
例如： 我 很 喜欢 这 本 书 。 | E |

Nǐ néng xiě dà yìdiǎnr ma?
26. 你 能 写 大 一点儿 吗 ？ | |

Tóngxuémen, shéi huì zuò zhège?
27. 同学们 ， 谁 会 做 这个 ？ | |

Wǒmen zuò chūzūchē qù yīyuàn.
28. 我们 坐 出租车 去 医院 。 | |

Zhè shì wǒ zuò de, nǐ chī yí kuàir.
29. 这 是 我 做 的 ， 你 吃 一 块儿 。 | |

Wǒ hěn ài chī māma zuò de cài.
30. 我 很 爱 吃 妈妈 做 的 菜 。 | |

第 三 部 分

第 31-35 题

Nǐ hē shuǐ ma?
例如：你 喝 水 吗？   [F]

Kěyǐ, qǐng.
A 可以 ， 请 。

Duìbuqǐ, nǐ bù xǐhuan māo?
31. 对不起 ， 你 不 喜欢 猫 ？   [ ]

Shíwǔ hào.
B 十五 号 。

Wǒ néng zuòzài zhèr ma?
32. 我 能 坐在 这儿 吗 ？   [ ]

Tā qù shāngdiàn le.
C 他 去 商店 了 。

Nǐ mǎi diànnǎo le?
33. 你 买 电脑 了 ？   [ ]

Méi guānxi.
D 没 关系 。

Nǐ bàba zài jiā ma?
34. 你 爸爸 在 家 吗 ？   [ ]

Zhè bú shì wǒ de.
E 这 不 是 我 的 。

Tāmen shénme shíhou huíguó？
35. 他们 什么 时候 回国 ？   [ ]

Hǎo de, xièxie.
F 好 的 ， 谢谢 。

第 四 部 分

第 36–40 题

　　　　　dōu　　　　kànjiàn　　　　suì　　　　míngzi　　　　shàngwǔ　　　　yǐzi
A　都　　　B　看见　　　C　岁　　　D　名字　　　E　上午　　　F　椅子

　　　　　　　Nǐ　　jiào　shénme
例如：你　叫　什么　（　　D　　）？

　　　　　　　Nǐ　de　shū　zài　　　　　　　xiàmiàn.
36. 你　的　书　在　（　　　　）　下面 。

　　　　　　　Wǒ　jiā　de　xiǎogǒu　jīnnián　sān　　　　　le.
37. 我　家　的　小狗　今年　三　（　　　　）　了 。

　　　　　　　Wǒ　hé　tā　　　　　　　bú　rènshi　zhège　zì.
38. 我　和　他　（　　　　）　不　认识　这个　字 。

　　　　　　　Nǐ　　　　　　Wáng　xiānsheng　le　ma?
39. 女：你　（　　　　）　王　先生　了　吗 ？

　　　　　　　Tā　zài　nàr　ne.
　　男：他　在　那儿　呢 。

　　　　　　　Nǐ　míngtiān　bù　lái　xuéxiào　ma?　Zěnme　le?
40. 男：你　明天　不　来　学校　吗 ？　怎么　了 ？

　　　　　　　Wǒ　míngtiān　　　　　qù　yīyuàn.
　　女：我　明天　（　　　　）　去　医院 。

02회 모의고사

녹음 듣기

준비 다 되셨나요?

1. 듣기 파일은 트랙 'TEST 02'입니다.
   (듣기 파일은 **맛있는북스 홈페이지**(www.booksJRC.com)에서 무료로 다운로드 할 수 있습니다.)
   미리 준비하지 않으셨다면 **QR코드**를 스캔해서 듣기 파일을 준비해 주세요.

2. **답안카드**는 본책 187쪽에 수록되어 있습니다. 한 장을 자른 후에 답을 기입하세요.

3. 2B연필, 지우개, 시계도 준비하셨나요? 2B연필은 두 개를 준비하면 더 좋습니다.

时间就是金钱!

시간은 금이다!

汉语水平考试
HSK（一级）

注　意

一、HSK (一级) 分两部分：

    1.　听力（20题，约15分钟）

    2.　阅读（20题，17分钟）

二、听力结束后，有3分钟填写答题卡。

三、全部考试约40分钟（含考生填写个人信息时间5分钟）。

一、听 力

第 一 部 分

第 1-5 题

例如:		√
		×
1.		
2.		
3.		
4.		
5.		

第 二 部 分

第 6-10 题

例如：	 A √	 B	 C
6.	 A	 B	 C
7.	 A	 B	 C
8.	 A	 B	 C

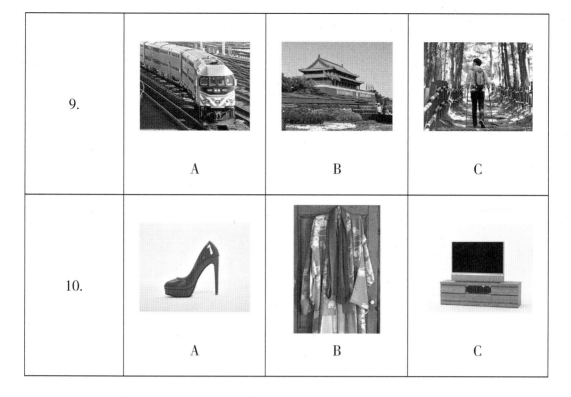

9.	A	B	C

10.	A	B	C

第 三 部 分

第 11-15 题

A

B

C

D

E

F

例如： 女：
Nǐ hǎo!
你 好 ！

男：
Nǐ hǎo! Hěn gāoxìng rènshi nǐ.
你 好 ！ 很 高兴 认识 你 。

C

11.

☐

12.

☐

13.

☐

14.

☐

15.

☐

第 四 部 分

第 16-20 题

例如：
Xiàwǔ wǒ qù shāngdiàn, wǒ xiǎng mǎi yìxiē shuǐguǒ.
下午 我 去 商店， 我 想 买 一些 水果。

Tā xiàwǔ qù nǎlǐ?
问：他 下午 去 哪里？

shāngdiàn
A 商店 √

yīyuàn
B 医院

xuéxiào
C 学校

16.
yīfu
A 衣服

bēizi
B 杯子

yǐzi
C 椅子

17.
ài xuéxí
A 爱 学习

hěn gāoxìng
B 很 高兴

hěn piàoliang
C 很 漂亮

18.
jīntiān
A 今天

xīngqīliù
B 星期六

shíwǔ hào
C 十五 号

19.
yīyuàn
A 医院

xuéxiào
B 学校

shāngdiàn
C 商店

20.
nǚ'ér de
A 女儿 的

érzi de
B 儿子 的

māma de
C 妈妈 的

二、阅 读

第 一 部 分

第 21-25 题

例如：		diànshì 电视	✕
		fēijī 飞机	✓
21.		zuò 坐	
22.		kāi 开	
23.		gāoxìng 高兴	
24.		mǐfàn 米饭	
25.		māo 猫	

第 二 部 分

第 26–30 题

 A

 B

 C

 D

 E

 F

　　　　Wǒ   hěn   xǐhuan   zhè   běn   shū.
例如： 我   很   喜欢   这   本   书。   　　E

　　　Māma zhèngzài mǎi   yīfu   ne.
26. 妈妈   正在   买   衣服   呢。   　　☐

　　　Shíyī diǎn duō   le,   wǒ xiǎng shuìjiào   le.
27. 十一   点   多   了，我   想   睡觉   了。   ☐

　　　Nín   hǎo,   nín xiǎng hē   yìdiǎnr   shénme?
28. 您   好，   您   想   喝   一点儿   什么？   ☐

　　　Tā gōngzuò èrshí   nián   le,   yǒu hěn duō qián.
29. 他   工作   二十   年   了，   有   很   多   钱。   ☐

　　　Tā   bú   ài   xuéxí,   hěn   ài   kàn diànshì.
30. 她   不   爱   学习，   很   爱   看   电视。   ☐

第 三 部 分

第 31-35 题

Nǐ hē shuǐ ma?
例如：你 喝 水 吗 ？   F

                                                      Wǒ de tóngxué.
                                               A 我 的 同学 。

Xièxie nǐ mǎiláile Zhōngguó cài.
31. 谢谢 你 买来了 中国 菜 。   [ ]
                                               Yí ge xīngqī.
                                               B 一 个 星期 。

Nǐ qù Běijīng gōngzuò jǐ tiān?
32. 你 去 北京 工作 几 天 ？   [ ]
                                               Zài zhuōzi shang.
                                               C 在 桌子 上 。

Nàr de tiānqì zěnmeyàng?
33. 那儿 的 天气 怎么样 ？   [ ]
                                               Hěn lěng.
                                               D 很 冷 。

Wǒ de diànhuà ne?
34. 我 的 电话 呢 ？   [ ]
                                               Bú kèqi.
                                               E 不 客气 。

Nàge rén shì shéi?
35. 那个 人 是 谁 ？   [ ]
                                               Hǎo de, xièxie.
                                               F 好 的 ，谢谢 。

第 四 部 分

第 36–40 题

	hé		diǎn		mǎi		míngzi		méiyǒu		shíhou
A	和	B	点	C	买	D	名字	E	没有	F	时候

　　　　　　Nǐ　jiào　shénme
例如：你　叫　什么　（　D　）？

　　　　　Xiànzài　shì　sān　　　　　　èrshí　fēn.
36. 现在　是　三　（　　　　）二十　分 。

　　　　　Zhège　fàndiàn　li　　　　　　rén.
37. 这个　饭店　里　（　　　　）人 。

　　　　　Bàba　huílai　le,　zhèxiē　dōu　shì　tā　　　　　　de.
38. 爸爸　回来　了 ，　这些　都　是　他　（　　　　）的 。

　　　　　　Nǐ　shì　shénme　　　　　lái　Zhōngguó　de?
39. 女：你　是　什么　（　　　　）来　中国　的 ？

　　　　　Qùnián　bā　yuè.
　　男：去年　八　月 。

　　　　　　Shéi　zài　lǐmiàn　shuōhuà?
40. 男：谁　在　里面　说话 ？

　　　　　Érzi　　　　　　tā　de péngyou.
　　女：儿子　（　　　　）他　的　朋友 。

03회

모의고사

준비 다 되셨나요?

1. 듣기 파일은 트랙 'TEST 03'입니다.
   (듣기 파일은 **맛있는북스 홈페이지**(www.booksJRC.com)에서 무료로 다운로드 할 수 있습니다.)
   미리 준비하지 않으셨다면 **QR코드**를 스캔해서 듣기 파일을 준비해 주세요.

2. **답안카드**는 본책 187쪽에 수록되어 있습니다. 한 장을 자른 후에 답을 기입하세요.

3. 2B연필, 지우개, 시계도 준비하셨나요? 2B연필은 두 개를 준비하면 더 좋습니다.

知识就是力量!

아는 것이 힘이다!

汉语水平考试
HSK（一级）

注　意

一、HSK (一级) 分两部分：

    1. 听力（20题，约15分钟）

    2. 阅读（20题，17分钟）

二、听力结束后，有3分钟填写答题卡。

三、全部考试约40分钟（含考生填写个人信息时间5分钟）。

一、听 力

第 一 部 分

第 1–5 题

例如：		√
		×
1.		
2.		
3.		
4.		
5.		

第 二 部 分

第 6-10 题

例如：	 A √	 B	 C
6.	 A	 B	 C
7.	 A	 B	 C
8.	 A	 B	 C

9.	A	B	C
10.	A	B	C

第 三 部 分

第 11-15 题

A

B

C

D

E

F

例如：
女：
Nǐ hǎo!
你 好！

男：
Nǐ hǎo! Hěn gāoxìng rènshi nǐ.
你 好！ 很 高兴 认识 你。

C

11.

12.

13.

14.

15.

第 四 部 分

第 16-20 题

Xiàwǔ wǒ qù shāngdiàn, wǒ xiǎng mǎi yìxiē shuǐguǒ.
例如： 下午 我 去 商店， 我 想 买 一些 水果。

Tā xiàwǔ qù nǎlǐ?
问： 他 下午 去 哪里 ？

　　shāngdiàn　　　　　　yīyuàn　　　　　　　　xuéxiào
A 商店 √　　　　　B 医院　　　　　C 学校

　　　bú tài hǎo　　　　　bú huì xiě　　　　　rènshi Hànzì
16.　A 不 太 好　　B 不 会 写　　C 认识 汉字

　　　xuéxiào　　　　　　yīyuàn　　　　　　　fàndiàn
17.　A 学校　　　　　B 医院　　　　　C 饭店

　　　hào　　　　　　　hào　　　　　　　hào
18.　A 7 号　　　　　B 8 号　　　　　C 9 号

　　　diànhuà　　　　　diànnǎo　　　　　píngguǒ
19.　A 电话　　　　　B 电脑　　　　　C 苹果

　　　shuìjiào　　　　　chī fàn　　　　　kàn diànshì
20.　A 睡觉　　　　　B 吃 饭　　　　　C 看 电视

二、阅 读

第 一 部 分

第 21–25 题

例如：		diànshì 电视	×
		fēijī 飞机	√
21.		cài 菜	
22.		yīfu 衣服	
23.		bú kèqi 不客气	
24.		xiě 写	
25.		xiānsheng 先生	

第 二 部 分

第 26-30 题

A

B

C

D

E

F

例如：
Wǒ hěn xǐhuan zhè běn shū.
我 很 喜欢 这 本 书。   E

26.
Nǐ kànjiàn qiánmiàn nàge fàndiàn le ma?
你 看见 前面 那个 饭店 了 吗？   ☐

27.
Nàge bēizi shì zài nǎr mǎi de?
那个 杯子 是 在 哪儿 买 的？   ☐

28.
Rènshi nǐ, hěn gāoxìng!
认识 你， 很 高兴！   ☐

29.
Wǒ de mǐfàn tài duō le.
我 的 米饭 太 多 了。   ☐

30.
Wéi, nǐ xiǎng qù kàn diànyǐng ma?
喂， 你 想 去 看 电影 吗？   ☐

第 三 部 分

第 31-35 题

Nǐ hē shuǐ ma?
例如： 你 喝 水 吗 ？   [F]

Hěn xǐhuan.
A 很 喜欢 。

Nǐ zhùzài nǎr?
31. 你 住在 哪儿 ？   [ ]

Wǒ bú huì.
B 我 不 会 。

Nǐ zěnme qù fàndiàn?
32. 你 怎么 去 饭店 ？   [ ]

Zǒuzhe qù.
C 走着 去 。

Nǐ ài hē chá ma?
33. 你 爱 喝 茶 吗 ？   [ ]

hào.
D 503 号 。

Qiánmiàn nàge rén shì shéi?
34. 前面 那个 人 是 谁 ？   [ ]

Bú rènshi.
E 不 认识 。

Nǐmen dōu huì shuō Hànyǔ ma?
35. 你们 都 会 说 汉语 吗 ？   [ ]

Hǎo de, xièxie.
F 好 的 ， 谢谢 。

第 四 部 分

第 36–40 题

	hòumiàn		fēnzhōng		dǎ		míngzi		néng		zěnmeyàng
A	后面	B	分钟	C	打	D	名字	E	能	F	怎么样

　　　　　Nǐ　jiào　shénme
例如：你　叫　什么　（　D　）？

　　　Zuò　chūzūchē　qù　yīyuàn　shíwǔ
36. 坐　出租车　去　医院　十五　（　　　）。

　　　Tiānqì　tài　rè　le,　shénme shíhou　　　xiàyǔ　ne?
37. 天气　太　热　了，　什么　时候　（　　　）下雨　呢？

　　　Wǒmen　jīntiān　chī Zhōngguó cài,
38. 我们　今天　吃　中国　菜，　（　　　）？

　　　Nǐ　bàba　zěnme　bù　lái　chī　fàn?
39. 女：你　爸爸　怎么　不　来　吃　饭？

　　　Tā　zài　　　diànhuà　ne.
　　男：他　在　（　　　）电话　呢。

　　　Nǐ　jiā　zài　nǎr　ne?
40. 男：你　家　在　哪儿　呢？

　　　Wǒ　jiā　zài　nàge shāngdiàn
　　女：我　家　在　那个　商店　（　　　）。

04회

모의고사

준비 다 되셨나요?

1. 듣기 파일은 트랙 'TEST 04'입니다.

   (듣기 파일은 **맛있는북스 홈페이지**(www.booksJRC.com)에서 무료로 다운로드 할 수 있습니다.)

   미리 준비하지 않으셨다면 **QR코드**를 스캔해서 듣기 파일을 준비해 주세요.

2. **답안카드**는 본책 187쪽에 수록되어 있습니다. 한 장을 자른 후에 답을 기입하세요.

3. 2B연필, 지우개, 시계도 준비하셨나요? 2B연필은 두 개를 준비하면 더 좋습니다.

机会总是留给有准备的人!

기회는 준비된 사람에게 온다!

汉语水平考试
HSK（一级）

注　意

一、HSK（一级）分两部分：

    1.　听力（20题，约15分钟）

    2.　阅读（20题，17分钟）

二、听力结束后，有3分钟填写答题卡。

三、全部考试约40分钟（含考生填写个人信息时间5分钟）。

一、听 力

第 一 部 分

第 1–5 题

例如：		√
		×
1.		
2.		
3.		
4.		
5.		

第 二 部 分

第 6–10 题

例如:	 A √	 B	 C
6.	 A	 B	 C
7.	 A	 B	 C
8.	 A	 B	 C

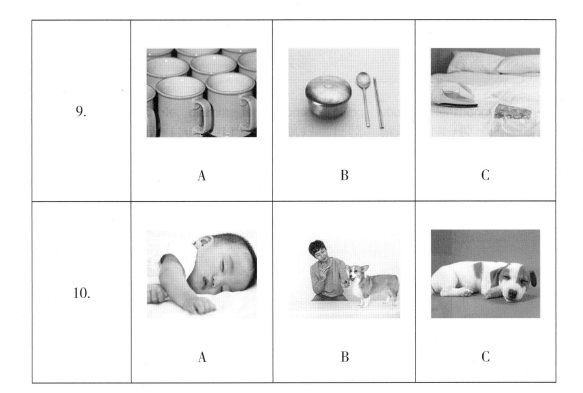

| 9. | A | B | C |

| 10. | A | B | C |

第 三 部 分

第 11–15 题

A

B

C

D

E

F

例如：
　　　　　　Nǐ　hǎo!
女：你　好 ！
　　　　　　Nǐ　hǎo!　　Hěn　gāoxìng　rènshi　nǐ.
男：你　好 ！　很　　高兴　　认识　　你 。

C

11. ☐

12. ☐

13. ☐

14. ☐

15. ☐

第 四 部 分

第 16-20 题

　　　　Xiàwǔ　wǒ　qù　shāngdiàn,　wǒ　xiǎng　mǎi　yìxiē　shuǐguǒ.
例如：下午　我　去　　商店　，　我　想　买　一些　水果。

　　　　Tā　xiàwǔ　qù　nǎlǐ?
　　问：他　下午　去　哪里？

　　　　shāngdiàn　　　　　　yīyuàn　　　　　　xuéxiào
　　A　商店　√　　　　B　医院　　　　C　学校

　　　　fàndiàn　　　　　　xuéxiào　　　　　　fēijī　shang
16.　A　饭店　　　　　B　学校　　　　C　飞机　上

　　　　xué　zuòcài　　　　　　kàn　diànyǐng　　　　　　xiě　Hànzì
17.　A　学　做菜　　　　B　看　电影　　　　C　写　汉字

　　　　hěn　dà　　　　　　tài　xiǎo　le　　　　　　hěn　hǎochī
18.　A　很　大　　　　B　太　小　了　　　　C　很　好吃

　　　　hē　shuǐ　　　　　　kàn　shū　　　　　　mǎi　dōngxi
19.　A　喝　水　　　　B　看　书　　　　C　买　东西

20.　　A　5:00　　　　　B　6:00　　　　　C　6:30

二、阅 读

第 一 部 分

第 21-25 题

例如：		diànshì 电视	×
		fēijī 飞机	√
21.		tā 她	
22.		mǐfàn 米饭	
23.		kàn 看	
24.		kāi chē 开 车	
25.		zhuōzi 桌子	

第 二 部 分

A

B

C

D

E

F

Wǒ hěn xǐhuan zhè běn shū.		
例如： 我 很 喜欢 这 本 书 。		E

Tā zuò shàngwǔ jiǔ diǎn de fēijī.
26. 他 坐 上午 九 点 的 飞机 。 ☐

Nǐ yùndòng de shíhou, duō hē diǎnr shuǐ.
27. 你 运动 的 时候， 多 喝 点儿 水 。 ☐

Dǎ diànhuà de nàge rén shì nǐ māma ma?
28. 打 电话 的 那个 人 是 你 妈妈 吗 ？ ☐

Zuótiān wǒ jiànle sān ge péngyou.
29. 昨天 我 见了 三 个 朋友 。 ☐

Nǐ de xiǎomāo zěnme bù chī ne?
30. 你 的 小猫 怎么 不 吃 呢 ？ ☐

第三部分

第 31-35 题

Nǐ hē shuǐ ma?
例如： 你 喝 水 吗 ？　　　　　　　F

Nà shì nǐ de yīfu ma?
31. 那 是 你 的 衣服 吗 ？　　　　　□

Nǐ érzi zài nǎr gōngzuò?
32. 你 儿子 在 哪儿 工作 ？　　　　□

Wáng xiānsheng shénme shíhou qù Zhōngguó?
33. 王 先生 什么 时候 去 中国 ？　□

Diànyǐng duōshao fēnzhōng?
34. 电影 多少 分钟 ？　　　　　　□

Tā de nǚpéngyou zěnmeyàng?
35. 他 的 女朋友 怎么样 ？　　　　□

fēnzhōng.
A 95 分钟 。

Bú tài piàoliang.
B 不 太 漂亮 。

Xià ge yuè.
C 下 个 月 。

Bú shì.
D 不 是 。

Xuéxiào.
E 学校 。

Hǎo de, xièxie.
F 好 的 ， 谢谢 。

第 四 部 分

第 36-40 题

	xīngqī		lǐ		xiē		míngzi		kuài		méi guānxi
A	星期	B	里	C	些	D	名字	E	块	F	没 关系

        Nǐ   jiào   shénme
例如： 你   叫   什么 （ D ）？

        Diànshì   de   nà   jǐ   ge   rén,   nǐ   rènshi   ma?
36. 电视 （   ） 的   那   几   个   人，   你   认识   吗？

        Zhè   cài   dōu   shì   zuótiān   de,   bù   néng   chī   le.
37. 这 （   ） 菜   都   是   昨天   的，   不   能   吃   了。

        Zhè   běn   Hànyǔ   shū   shì   sānshíwǔ   qián   ma?
38. 这   本   汉语   书   是   三十五 （   ） 钱   吗？

        Nǐ   xià   ge   hé   shéi   yìqǐ   qù   Běijīng?
39. 女：你   下   个 （   ） 和   谁   一起   去   北京？
        Jǐ   ge péngyou.
    男：几   个   朋友 。

        Duìbuqǐ,   wǒ   méi   mǎi.
40. 男：对不起，   我   没   买 。

              wǒ   míngtiān   qù   mǎi.
    女：（   ），   我   明天   去   买 。

01회

모의고사

녹음 듣기

준비 다 되셨나요?

1. 듣기 파일은 트랙 'TEST 05'입니다.
   (듣기 파일은 **맛있는북스 홈페이지**(www.booksJRC.com)에서 무료로 다운로드 할 수 있습니다.)
   미리 준비하지 않으셨다면 **QR코드**를 스캔해서 듣기 파일을 준비해 주세요.

2. **답안카드**는 본책 195쪽에 수록되어 있습니다. 한 장을 자른 후에 답을 기입하세요.

3. 2B연필, 지우개, 시계도 준비하셨나요? 2B연필은 두 개를 준비하면 더 좋습니다.

失敗是成功之母!

실패는 성공의 어머니!

汉语水平考试
HSK（二级）

注　意

一、HSK（二级）分两部分：

1. 听力（35题，约25分钟）

2. 阅读（25题，22分钟）

二、听力结束后，有3分钟填写答题卡。

三、全部考试约55分钟（含考生填写个人信息时间5分钟）。

一、听 力

第 一 部 分

第 1–10 题

例如:		√
		×
1.		
2.		
3.		
4.		
5.		

6.		
7.		
8.		
9.		
10.		

第 二 部 分

第 11–15 题

A

B

C

D

E

F

　　　　　　　Nǐ xǐhuan shénme yùndòng?
例如： 男： 你 喜欢 什么 运动 ？
　　　　　　　Wǒ zuì xǐhuan tī zúqiú.
　　　　女： 我 最 喜欢 踢 足球 。　　　　　　D

11.　　　　　　　　　　　　　　　　　　　　□

12.　　　　　　　　　　　　　　　　　　　　□

13.　　　　　　　　　　　　　　　　　　　　□

14.　　　　　　　　　　　　　　　　　　　　□

15.　　　　　　　　　　　　　　　　　　　　□

第 16–20 题

A

B

C

D

E

16. ☐

17. ☐

18. ☐

19. ☐

20. ☐

第 三 部 分

第 21–30 题

例如：男：Xiǎo Wáng, zhèlǐ yǒu jǐ ge bēizi, nǎge shì nǐ de?
小 王 ， 这里 有 几 个 杯子 ， 哪个 是 你 的 ？

女：Zuǒbian nàge hóngsè de shì wǒ de.
左边 那个 红色 的 是 我 的 。

问：Xiǎo Wáng de bēizi shì shénme yánsè de?
小 王 的 杯子 是 什么 颜色 的 ？

hóngsè A 红色 √	hēisè B 黑色	báisè C 白色

21.
méi rén kàn A 没 人 看	shíjiān cháng B 时间 长	hěn yǒu yìsi C 很 有 意思

22.
jīdàn A 鸡蛋	niúnǎi B 牛奶	píngguǒ C 苹果

23.
xuéxiào A 学校	jīchǎng B 机场	kāfēidiàn C 咖啡店

24.
bái de A 白 的	hóng de B 红 的	hēi de C 黑 的

25.
ài xuéxí A 爱 学习	lǎoshī ràng de B 老师 让 的	yǎnjing bù hǎo C 眼睛 不 好

26.
dì-yī cì A 第一 次	dì-èr cì B 第二 次	dì-sān cì C 第三 次

27.
dìdi A 弟弟	nǚ'ér B 女儿	jiějie C 姐姐

28.
kǎoshì A 考试	mǎi shǒubiǎo B 买 手表	xué kāi chē C 学 开 车

29.
xiǎng chī yú A 想 吃 鱼	bú huì zuò B 不 会 做	yángròu tài guì C 羊肉 太 贵

30.
hào A 10 号	hào B 13 号	hào C 14 号

第 四 部 分

第31-35题

例如： 女：<ruby>请<rt>Qǐng</rt></ruby> <ruby>在<rt>zài</rt></ruby> <ruby>这儿<rt>zhèr</rt></ruby> <ruby>写<rt>xiě</rt></ruby> <ruby>您<rt>nín</rt></ruby> <ruby>的<rt>de</rt></ruby> <ruby>名字<rt>míngzi</rt></ruby> 。

男：<ruby>是<rt>Shì</rt></ruby> <ruby>这儿<rt>zhèr</rt></ruby> <ruby>吗<rt>ma</rt></ruby> ？

女：<ruby>不<rt>Bú</rt></ruby> <ruby>是<rt>shì</rt></ruby> ， <ruby>是<rt>shì</rt></ruby> <ruby>这儿<rt>zhèr</rt></ruby> 。

男：<ruby>好<rt>Hǎo</rt></ruby> ， <ruby>谢谢<rt>xièxie</rt></ruby> 。

问：<ruby>男<rt>Nán</rt></ruby> <ruby>的<rt>de</rt></ruby> <ruby>要<rt>yào</rt></ruby> <ruby>写<rt>xiě</rt></ruby> <ruby>什么<rt>shénme</rt></ruby> ？

A <ruby>名字<rt>míngzi</rt></ruby> √　　　B <ruby>时间<rt>shíjiān</rt></ruby>　　　C <ruby>房间<rt>fángjiān</rt></ruby> <ruby>号<rt>hào</rt></ruby>

31. A <ruby>阴<rt>yīn</rt></ruby>　　　B <ruby>下雨<rt>xiàyǔ</rt></ruby> <ruby>了<rt>le</rt></ruby>　　　C <ruby>下雪<rt>xiàxuě</rt></ruby> <ruby>了<rt>le</rt></ruby>

32. A 2600<ruby>元<rt>yuán</rt></ruby>　　　B 4600<ruby>元<rt>yuán</rt></ruby>　　　C 6000<ruby>元<rt>yuán</rt></ruby>

33. A <ruby>走路<rt>zǒulù</rt></ruby>　　　B <ruby>开<rt>kāi</rt></ruby> <ruby>车<rt>chē</rt></ruby>　　　C <ruby>坐<rt>zuò</rt></ruby> <ruby>出租车<rt>chūzūchē</rt></ruby>

34. A <ruby>跳舞<rt>tiàowǔ</rt></ruby>　　　B <ruby>唱歌<rt>chànggē</rt></ruby>　　　C <ruby>打<rt>dǎ</rt></ruby> <ruby>篮球<rt>lánqiú</rt></ruby>

35. A <ruby>太<rt>tài</rt></ruby> <ruby>冷<rt>lěng</rt></ruby> <ruby>了<rt>le</rt></ruby>　　　B <ruby>生病<rt>shēngbìng</rt></ruby> <ruby>了<rt>le</rt></ruby>　　　C <ruby>不<rt>bú</rt></ruby> <ruby>会<rt>huì</rt></ruby> <ruby>游<rt>yóu</rt></ruby>

二、阅 读

第 一 部 分

第 36–40 题

A

B

C

D

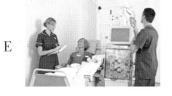
E

F

| Měi ge xīngqīliù, wǒ dōu qù dǎ lánqiú. | |
| 例如：每 个 星期六， 我 都 去 打 篮球。 | D |

36. Gēge měi tiān gōngzuò jiǔ ge xiǎoshí, tā shuō hěn lèi.
哥哥 每 天 工作 九 个 小时， 他 说 很 累。 ☐

37. Xiàyǔ le, wǒmen kuài pǎo huíqu ba!
下雨 了， 我们 快 跑 回去 吧！ ☐

38. Nín de bìng wèntí bú dà, hěn kuài jiù néng chūyuàn.
您 的 病 问题 不 大， 很 快 就 能 出院。 ☐

39. Nǐ kàn, nàge zhèngzài chànggē de rén shì wǒ de qīzi.
你 看， 那个 正在 唱歌 的 人 是 我 的 妻子。 ☐

40. Lù shang de chē tài duō le, suǒyǐ wǒ láiwǎn le.
路 上 的 车 太 多 了， 所以 我 来晚 了。 ☐

第 二 部 分

第 41-45 题

    wán   xìng   kěnéng   bǎi   guì   shìqing
A 完   B 姓   C 可能   D 百   E 贵   F 事情

        Zhèr   de yángròu hěn hǎochī, dànshì yě hěn
例如：这儿 的 羊肉 很 好吃 , 但是 也 很 （ E ）。

        Zhège gōngsī hěn dà, yǒu wǔ   duō rén.
41. 这个 公司 很 大 , 有 五 （   ） 多 人 。

        Zhèxiē dōngxi   shì Xiǎo Gāo de, nǐ kàn, zhèr xiězhe
42. 这些 东西 （   ） 是 小 高 的 , 你 看 , 这儿 写着
    tā de míngzi.
    他 的 名字 。

        Wǒ jīntiān de gōngzuò zuò   le, wǒ xiān zǒu le.
43. 我 今天 的 工作 做 （   ） 了 , 我 先 走 了 。

        Yǒu rén shuō, zuì kuàilè de   jiù shì hé xǐhuan de
44. 有 人 说 , 最 快乐 的 （   ） 就 是 和 喜欢 的
    rén zài yìqǐ.
    人 在 一起 。

        Qǐng nín jièshào yíxià pángbiān de péngyou.
45. 女：请 您 介绍 一下 旁边 的 朋友 。

        Zhè shì wǒ de tóngxué, tā   Wáng.
    男：这 是 我 的 同学 , 他 （   ） 王 。

第 三 部 分

第 46–50 题

例如：
Xiànzài shì 11 diǎn 30 fēn, tāmen yǐjīng yóule 20 fēnzhōng le.
现在 是 11 点 30 分， 他们 已经 游了 20 分钟 了。

Tāmen 11 diǎn 10 fēn kāishǐ yóuyǒng.
★ 他们 11 点 10 分 开始 游泳。 (√)

Wǒ huì tiàowǔ, dàn tiàode bù zěnmeyàng.
我 会 跳舞， 但 跳得 不 怎么样。

Wǒ tiàode fēicháng hǎo.
★ 我 跳得 非常 好。 (×)

Kànguo zhè běn shū de rén dōu shuō búcuò, wǒ juéde nǐ yǒu
46. 看过 这 本 书 的 人 都 说 不错， 我 觉得 你 有
shíjiān yě kěyǐ kànkan!
时间 也 可以 看看！

Nà běn shū méiyǒu yìsi.
★ 那 本 书 没有 意思。 ( )

Mèimei hěn ài xiào, tā xiào de shíhou fēicháng piàoliang. Yīnwèi
47. 妹妹 很 爱 笑， 她 笑 的 时候 非常 漂亮。 因为
tā ài xiào, gōngsī li de rén dōu hěn xǐhuan tā.
她 爱 笑， 公司 里 的 人 都 很 喜欢 她。

Mèimei gōngzuò hěn duō nián le.
★ 妹妹 工作 很 多 年 了。 ( )

Zhège diànnǎo shì liǎng nián qián wǒ shēngrì de shíhou, māma
48. 这个 电脑 是 两 年 前 我 生日 的 时候， 妈妈
sònggěi wǒ de. Wǒ měi tiān yòng tā xuéxí、 kàn diànyǐng.
送给 我 的。 我 每 天 用 它 学习、 看 电影。

Nàge diànnǎo shì māma mǎi de.
★ 那个 电脑 是 妈妈 买 的。 ( )

Xiànzài yǐjīng shì yuè le, zěnme hái zhème rè ne? Qùnián
49. 现在 已经 是 10 月 了， 怎么 还 这么 热 呢 ？ 去年
yuè hào dōu xiàxuě le.
10 月 30 号 都 下雪 了 。

Jīnnián yuè bǐ qùnián rè.
★ 今年 10 月 比 去年 热 。　　　　　　　　　(　)

Nǐ kàndào qiánmiàn nàge fànguǎnr le ma? Jiù zài wǒ jiā pángbiān.
50. 你 看到 前面 那个 饭馆儿 了 吗 ？ 就 在 我 家 旁边 。
Nàlǐ de niúròumiàn fēicháng hǎochī, yě hěn piányi, wǒ jīngcháng
那里 的 牛肉面 非常 好吃 ， 也 很 便宜 ， 我 经常
qù chī.
去 吃 。

Nàge fànguǎnr lí wǒ jiā hěn jìn.
★ 那个 饭馆儿 离 我 家 很 近 。　　　　　　(　)

第 四 部 分

第51-55题

A
Nǐ hǎohāor xiǎngxiang, shì bu shì zài fángjiān li le?
你 好好儿 想想， 是 不 是 在 房间 里 了？

B
Hái yǒu wǔ fēnzhōng jiùyào kǎoshì le.
还 有 五 分钟 就要 考试 了。

C
Tā qù kànbìng le, nǐ zài zhèr děng yíxià.
他 去 看病 了， 你 在 这儿 等 一下 。

D
Nǐ zěnme bù gěi wǒ dǎ diànhuà ne?
你 怎么 不 给 我 打 电话 呢？

E
Tā zài nǎr ne? Nǐ kànjiàn tā le ma?
他 在 哪儿 呢？ 你 看见 他 了 吗？

F
Māma, nǐ wèishénme měi tiān dōu ràng wǒ chī jīdàn?
妈妈， 你 为什么 每 天 都 让 我 吃 鸡蛋？

例如：
Tā hái zài jiàoshì li xuéxí.
他 还 在 教室 里 学习 。   E

51.
Duìbuqǐ, wǒ gōngzuò hěn máng.
对不起， 我 工作 很 忙 。   ☐

52.
Qǐngwèn, Zhāng yīshēng bú zài ma?
请问， 张 医生 不 在 吗？   ☐

53.
Tóngxuémen, zhǔnbèihǎo le ma?
同学们， 准备好 了 吗？   ☐

54.
Duì shēntǐ hǎo. Nǐ bù xǐhuan?
对 身体 好 。 你 不 喜欢？   ☐

55.
Wǒ de yào zěnme bú jiàn le?
我 的 药 怎么 不 见 了？   ☐

第 56-60 题

Bīnguǎn lí jīchǎng yuǎn ma?
A 宾馆 离 机场 远 吗 ？

Xiǎogǒu yí kànjiàn wǒ jiù jiào, bù xǐhuan wǒ ma?
B 小狗 一 看见 我 就 叫 ， 不 喜欢 我 吗 ？

Dànshì, nǐ zhīdào ma? Nǐ bǐ tā dà liǎng suì.
C 但是 ， 你 知道 吗 ？ 你 比 他 大 两 岁 。

Dōu bā diǎn le, nǐ dìdi hái méi qǐchuáng ma?
D 都 八 点 了 ， 你 弟弟 还 没 起床 吗 ？

Bú kèqi, néng bāngdào nǐ, wǒ yě hěn gāoxìng.
E 不 客气 ， 能 帮到 你 ， 我 也 很 高兴 。

Zhēnde fēicháng xièxie nǐ duì wǒ de bāngzhù.
56. 真的 非常 谢谢 你 对 我 的 帮助 。

Tā hái bú rènshi nǐ.
57. 它 还 不 认识 你 。

Jīntiān shì xīngqīrì, ràng tā shuì ba.
58. 今天 是 星期日 ， 让 他 睡 吧 。

Tā bǐ nǐ gāo yìdiǎnr.
59. 他 比 你 高 一点儿 。

Bù yuǎn, zuò chūzūchē bú dào shí fēnzhōng jiù dào le.
60. 不 远 ， 坐 出租车 不 到 十 分钟 就 到 了 。

02회

모의고사

준비 다 되셨나요?

1. 듣기 파일은 트랙 '**TEST 06**'입니다.

   (듣기 파일은 **맛있는북스 홈페이지**(www.booksJRC.com)에서 무료로 다운로드 할 수 있습니다.)

   미리 준비하지 않으셨다면 **QR코드**를 스캔해서 듣기 파일을 준비해 주세요.

2. **답안카드**는 본책 195쪽에 수록되어 있습니다. 한 장을 자른 후에 답을 기입하세요.

3. 2B연필, 지우개, 시계도 준비하셨나요? 2B연필은 두 개를 준비하면 더 좋습니다.

坚持就是胜利!

버티는 게 이기는 것이다!

汉语水平考试
HSK (二级)

注　意

一、HSK(二级)分两部分：

    1.　听力（35题，约25分钟）

    2.　阅读（25题，22分钟）

二、听力结束后，有3分钟填写答题卡。

三、全部考试约55分钟（含考生填写个人信息时间5分钟）。

一、听 力

第 一 部 分

第 1–10 题

例如：		√
		×
1.		
2.		
3.		
4.		
5.		

6.		
7.		
8.		
9.		
10.		

第 二 部 分

第 11–15 题

A

B

C

D

E

F

Nǐ xǐhuan shénme yùndòng?
例如： 男：你 喜欢 什么 运动？
Wǒ zuì xǐhuan tī zúqiú.
女：我 最 喜欢 踢 足球。

 D

11.

12.

13.

14.

15.

第 16–20 题

A

B

C

D

E

16. ☐

17. ☐

18. ☐

19. ☐

20. ☐

第 三 部 分

第 21-30 题

例如：
男：<ruby>小<rt>Xiǎo</rt></ruby> <ruby>王<rt>Wáng</rt></ruby>， <ruby>这<rt>zhèlǐ</rt></ruby> <ruby>里<rt></rt></ruby> <ruby>有<rt>yǒu</rt></ruby> <ruby>几<rt>jǐ</rt></ruby> <ruby>个<rt>ge</rt></ruby> <ruby>杯子<rt>bēizi</rt></ruby>， <ruby>哪个<rt>nǎge</rt></ruby> <ruby>是<rt>shì</rt></ruby> <ruby>你<rt>nǐ</rt></ruby> <ruby>的<rt>de</rt></ruby>？

女：<ruby>左边<rt>Zuǒbian</rt></ruby> <ruby>那个<rt>nàge</rt></ruby> <ruby>红色<rt>hóngsè</rt></ruby> <ruby>的<rt>de</rt></ruby> <ruby>是<rt>shì</rt></ruby> <ruby>我<rt>wǒ</rt></ruby> <ruby>的<rt>de</rt></ruby>。

问：<ruby>小<rt>Xiǎo</rt></ruby> <ruby>王<rt>Wáng</rt></ruby> <ruby>的<rt>de</rt></ruby> <ruby>杯子<rt>bēizi</rt></ruby> <ruby>是<rt>shì</rt></ruby> <ruby>什么<rt>shénme</rt></ruby> <ruby>颜色<rt>yánsè</rt></ruby> <ruby>的<rt>de</rt></ruby>？

A 红色 hóngsè √   B 黑色 hēisè   C 白色 báisè

21. A 阴 yīn   B 很 热 hěn rè   C 在 下雨 zài xiàyǔ

22. A 来晚 了 láiwǎn le   B 下班 了 xiàbān le   C 打错 了 dǎcuò le

23. A 五 块 wǔ kuài   B 五 块 六 wǔ kuài liù   C 六 块 五 liù kuài wǔ

24. A 要 考试 yào kǎoshì   B 看 报纸 kàn bàozhǐ   C 想 看 书 xiǎng kàn shū

25. A 昨天 zuótiān   B 星期三 xīngqīsān   C 上 个 星期 shàng ge xīngqī

26. A 最 前面 zuì qiánmiàn   B 最 右边 zuì yòubian   C 最 后面 zuì hòumiàn

27. A 礼物 lǐwù   B 电脑 diànnǎo   C 新 衣服 xīn yīfu

28. A 医生 yīshēng   B 学生 xuésheng   C 服务员 fúwùyuán

29. A 一 次 yí cì   B 两 次 liǎng cì   C 三 次 sān cì

30. A 坐 船 zuò chuán   B 坐 火车 zuò huǒchē   C 坐 飞机 zuò fēijī

第 四 部 分

第 31-35 题

Qǐng zài zhèr xiě nín de míngzi.
例如：女：请 在 这儿 写 您 的 名字 。

Shì zhèr ma?
男：是 这儿 吗 ？

Bú shì, shì zhèr.
女：不 是 , 是 这儿 。

Hǎo, xièxie.
男：好 , 谢谢 。

Nán de yào xiě shénme?
问：男 的 要 写 什么 ？

	míngzi		shíjiān		fángjiān hào
A	名字 √	B	时间	C	房间 号

31.
	tiàowǔ		shàngkè		dǎ lánqiú
A	跳舞	B	上课	C	打 篮球

32.
	shuōde hǎo		xiěde kuài		bú rènshi zì
A	说得 好	B	写得 快	C	不 认识 字

33.
	shāngdiàn		bīnguǎn		xuéxiào
A	商店	B	宾馆	C	学校

34.
	jiějie		dìdi		māma
A	姐姐	B	弟弟	C	妈妈

35.
	diǎn		diǎn		diǎn
A	5 点	B	8 点	C	10 点

二、阅 读

第 一 部 分

第 36-40 题

A

B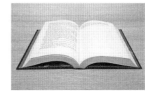

C

D

E

F

例如： Měi ge xīngqīliù, wǒ dōu qù dǎ lánqiú.
每 个 星期六， 我 都 去 打 篮球 。 | D |

36. Nàge tī zúqiú de nánháir shì nǐ érzi ba?
那个 踢 足球 的 男孩儿 是 你 儿子 吧 ？ | |

37. Kànle ge xiǎoshí de diànshì, yǎnjing tài lèi le.
看了 4 个 小时 的 电视， 眼睛 太 累 了 。 | |

38. Zhè běn shū nǐ kànwán le ma? Kěyǐ ràng wǒ kànkan ma?
这 本 书 你 看完 了 吗 ？ 可以 让 我 看看 吗 ？ | |

39. Tā cóng suì kāishǐ xuéxí tiàowǔ, yǐjīng tiàole nián le.
她 从 7 岁 开始 学习 跳舞， 已经 跳了 15 年 了 。 | |

40. Tā suīrán hěn xiǎo, dànshì pǎode tài kuài le!
它 虽然 很 小， 但是 跑得 太 快 了 ！ | |

第 二 部 分

第 41–45 题

	zhe		dào		qiānbǐ		màn		guì		gàosu
A	着	B	到	C	铅笔	D	慢	E	贵	F	告诉

Zhèr de yángròu hěn hǎochī, dànshì yě hěn
例如： 这儿 的 羊肉 很 好吃， 但是 也 很 （ E ）。

Zhè shì nǐ de ba? Shàngmiàn xiě   nǐ de míngzi ne.
41. 这 是 你 的 吧 ？ 上面 写 （   ） 你 的 名字 呢 。

Shì shéi   nǐ jīntiān xiūxi de?
42. 是 谁 （   ） 你 今天 休息 的 ？

Wǒ de biǎo dōu jiǔ diǎn líng wǔ le, nǐ de shì bu shì
43. 我 的 表 都 九 点 零 五 了， 你 的 是 不 是 （   ）
le?
了 ？

Zhàngfu gōngzuò hěn máng, cóng shàng ge xīngqī   xiànzài měi
44. 丈夫 工作 很 忙， 从 上 个 星期 （   ） 现在 每
tiān huíjiā dōu hěn wǎn.
天 回家 都 很 晚 。

Tóngxué, nǐ hái yǒu   ma?
45. 女：同学， 你 还 有 （   ） 吗 ？

Wǒ zhǐ yǒu zhè yí ge, nǐ wènwen lǎoshī yǒu méiyǒu.
男：我 只 有 这 一 个， 你 问问 老师 有 没 有 。

第 三 部 分

第 46–50 题

例如：
Xiànzài shì diǎn fēn, tāmen yǐjīng yóule fēnzhōng le.
现在 是 11 点 30 分， 他们 已经 游了 20 分钟 了。

Tāmen diǎn fēn kāishǐ yóuyǒng.
★ 他们 11 点 10 分 开始 游泳。 (√)

Wǒ huì tiàowǔ, dàn tiàode bù zěnmeyàng.
我 会 跳舞， 但 跳得 不 怎么样。

Wǒ tiàode fēicháng hǎo.
★ 我 跳得 非常 好。 (×)

Wǒmen gōngsī qiánmiàn yǒu yì jiā "Liǎngyuándiàn". Zài nàlǐ,
46. 我们 公司 前面 有 一 家 "两元店"。 在 那里，
liǎng kuài qián jiù kěyǐ mǎi yí jiàn dōngxi.
两 块 钱 就 可以 买 一 件 东西。

"Liǎngyuándiàn" de dōngxi hěn guì.
★ "两元店" 的 东西 很 贵。 ( )

Zuótiān hé péngyoumen zài wàimiàn wánrle yì wǎnshang, méiyǒu huíjiā.
47. 昨天 和 朋友们 在 外面 玩儿了 一 晚上， 没有 回家。
Māma zhīdàole zhè jiàn shì, hěn bù gāoxìng.
妈妈 知道了 这 件 事， 很 不 高兴。

Māma zuótiān wánrde hěn gāoxìng.
★ 妈妈 昨天 玩儿得 很 高兴。 ( )

Tīngshuō nǐ zhè jǐ tiān shuìde bù hǎo. Wǒ juéde měi tiān shuìjiào
48. 听说 你 这 几 天 睡得 不 好。 我 觉得 每 天 睡觉
qián, nǐ kěyǐ hē bēi niúnǎi, kěnéng huì yǒu bāngzhù.
前， 你 可以 喝 杯 牛奶， 可能 会 有 帮助。

Hē niúnǎi huì shuì bu hǎo jiào.
★ 喝 牛奶 会 睡 不 好 觉。 ( )

49. Tā yǒu yí ge nǚ'ér hé yí ge érzi. Érzi jīnnián suì
他 有 一 个 女儿 和 一 个 儿子。 儿子 今年 8 岁
le, yǐjīng shàngxué le. Nǚ'ér bǐ érzi xiǎo liǎng suì.
了， 已经 上学 了。 女儿 比 儿子 小 两 岁。

Tā yǒu liǎng ge háizi.
★他 有 两 个 孩子。 （ ）

50. Bàba shì wǒmen xuéxiào de lǎoshī. Zài xuéxiào de shíhou, tā
爸爸 是 我们 学校 的 老师。 在 学校 的 时候， 他
bú ràng wǒ jiào tā "bàba", ràng wǒ jiào tā "Zhāng lǎoshī".
不 让 我 叫 他 "爸爸"， 让 我 叫 他 "张 老师"。

Bàba zài xuéxiào gōngzuò.
★爸爸 在 学校 工作。 （ ）

第 四 部 分

第 51-55 题

Tā jiào Qián Míng, zhùzài wǒ jiā pángbiān.
A 他 叫 钱 明 ， 住在 我 家 旁边 。

Nǐ de háizi xiànzài huì shuōhuà le ma?
B 你 的 孩子 现在 会 说话 了 吗 ？

Yánsè bù hǎokàn, wǒ xiǎng yào nàge hēisè de.
C 颜色 不 好看 ， 我 想 要 那个 黑色 的 。

Nǐ gēge jǐ diǎn dào?
D 你 哥哥 几 点 到 ？

Tā zài nǎr ne? Nǐ kànjiàn tā le ma?
E 他 在 哪儿 呢 ？ 你 看见 他 了 吗 ？

Bù hǎoyìsi, yǒu rè chá ma?
F 不 好意思 ， 有 热 茶 吗 ？

Tā hái zài jiàoshì li xuéxí.
例如： 他 还 在 教室 里 学习 。 　　　　　　E

Zhège shǒujī zěnmeyàng?
51. 这个 手机 怎么样 ？ 　　　　　　☐

Tā huì jiào "māma"、 "bàba" le.
52. 他 会 叫 "妈妈"、 "爸爸" 了 。 　　　　　　☐

Lái, hē bēi kāfēi ba.
53. 来 ， 喝 杯 咖啡 吧 。 　　　　　　☐

Wǒmen měi tiān yìqǐ chūlai yùndòng.
54. 我们 每 天 一起 出来 运动 。 　　　　　　☐

Bā diǎn. Yīnwèi xiàyǔ, fēijī wǎnle liǎng ge xiǎoshí.
55. 八 点 。 因为 下雨 ， 飞机 晚了 两 个 小时 。 　　　　　　☐

第 56-60 题

Nǐmen zhèlǐ nǎge cài zuì hǎochī?
A 你们 这里 哪个 菜 最 好吃？

Nǐ jīntiān wèishénme shuìde zhème zǎo?
B 你 今天 为什么 睡得 这么 早？

Duì, yǐjīng hǎo duō le, xièxie nǐ lái kàn wǒ.
C 对，已经 好 多 了，谢谢 你 来 看 我。

Tā de Hànyǔ hěn hǎo, néng gàosu nǐ zhège zì de yìsi.
D 她 的 汉语 很 好，能 告诉 你 这个 字 的 意思。

Shì wǒ de tóngxué, bú shì nǚpéngyou.
E 是 我 的 同学，不 是 女朋友。

Wǒ míngtiān zǎoshang yào qù huǒchēzhàn.
56. 我 明天 早上 要 去 火车站。　☐

Duì nǐ xiào de nàge nǚháir shì shéi?
57. 对 你 笑 的 那个 女孩儿 是 谁？　☐

Nǐ yào chūyuàn?
58. 你 要 出院？　☐

Xiānsheng, dàjiā dōu xǐhuan zhège yú.
59. 先生，大家 都 喜欢 这个 鱼。　☐

Wǒ bú rènshi, nǐ qù wèn Xiǎo Yǔ ba.
60. 我 不 认识，你 去 问 小 雨 吧。　☐

03회

모의고사

녹음 듣기

준비 다 되셨나요?

1. 듣기 파일은 트랙 'TEST 07'입니다.
   (듣기 파일은 **맛있는북스 홈페이지**(www.booksJRC.com)에서 무료로 다운로드 할 수 있습니다.)
   미리 준비하지 않으셨다면 **QR코드**를 스캔해서 듣기 파일을 준비해 주세요.

2. **답안카드**는 본책 195쪽에 수록되어 있습니다. 한 장을 자른 후에 답을 기입하세요.

3. 2B연필, 지우개, 시계도 준비하셨나요? 2B연필은 두 개를 준비하면 더 좋습니다.

一步一个脚印!

한 걸음씩 착실하게 나간다!

汉语水平考试
HSK（二级）

注　意

一、HSK（二级）分两部分：

    1.　听力（35题，约25分钟）

    2.　阅读（25题，22分钟）

二、听力结束后，有3分钟填写答题卡。

三、全部考试约55分钟（含考生填写个人信息时间5分钟）。

一、听 力

第 一 部 分

第 1–10 题

例如:		√
		×
1.		
2.		
3.		
4.		
5.		

6.		
7.		
8.		
9.		
10.		

第 二 部 分

第 11–15 题

A

B

C

D

E

F

 Nǐ xǐhuan shénme yùndòng?
例如：男：你 喜欢 什么 运动 ？

Wǒ zuì xǐhuan tī zúqiú.
女：我 最 喜欢 踢 足球 。

D

11.

12.

13.

14.

15.

第 16-20 题

A

B

C

D

E

16.

17.

18.

19.

20.

第 三 部 分

第 21-30 题

例如：

男：
Xiǎo Wáng, zhèlǐ yǒu jǐ ge bēizi, nǎge shì nǐ de?
小 王， 这里 有 几 个 杯子， 哪个 是 你 的？

女：
Zuǒbian nàge hóngsè de shì wǒ de.
左边 那个 红色 的 是 我 的。

问：
Xiǎo Wáng de bēizi shì shénme yánsè de?
小 王 的 杯子 是 什么 颜色 的？

A hóngsè 红色 √   B hēisè 黑色   C báisè 白色

21. A 2 nián 年   B 3 nián 年   C 4 nián 年

22. A gōngzuò 工作   B kǎoshì 考试   C lǚyóu 旅游

23. A xiǎng hē shuǐ 想 喝 水   B bù néng dǎ 不 能 打   C yào xuéxí 要 学习

24. A yīshēng 医生   B lǎoshī 老师   C fúwùyuán 服务员

25. A 300 kuài 块   B 400 kuài 块   C 600 kuài 块

26. A qiānbǐ 铅笔   B diànnǎo 电脑   C Hànyǔ shū 汉语 书

27. A lèi le 累 了   B shēngbìng le 生病 了   C bù chī dōngxi 不 吃 东西

28. A shāngdiàn 商店   B jīchǎng 机场   C xuéxiào 学校

29. A qíng 晴   B xiàyǔ 下雨   C yǒu xuě 有 雪

30. A kāi chē 开 车   B zuò chūzūchē 坐 出租车   C zuò gōnggòng qìchē 坐 公共 汽车

第 四 部 分

第 31-35 题

例如：
女：<ruby>请<rt>Qǐng</rt></ruby> <ruby>在<rt>zài</rt></ruby> <ruby>这儿<rt>zhèr</rt></ruby> <ruby>写<rt>xiě</rt></ruby> <ruby>您<rt>nín</rt></ruby> <ruby>的<rt>de</rt></ruby> <ruby>名字<rt>míngzi</rt></ruby> 。

男：<ruby>是<rt>Shì</rt></ruby> <ruby>这儿<rt>zhèr</rt></ruby> <ruby>吗<rt>ma</rt></ruby> ？

女：<ruby>不<rt>Bú</rt></ruby> <ruby>是<rt>shì</rt></ruby> ， <ruby>是<rt>shì</rt></ruby> <ruby>这儿<rt>zhèr</rt></ruby> 。

男：<ruby>好<rt>Hǎo</rt></ruby> ， <ruby>谢谢<rt>xièxie</rt></ruby> 。

问：<ruby>男<rt>Nán</rt></ruby> <ruby>的<rt>de</rt></ruby> <ruby>要<rt>yào</rt></ruby> <ruby>写<rt>xiě</rt></ruby> <ruby>什么<rt>shénme</rt></ruby> ？

A <ruby>名字<rt>míngzi</rt></ruby> √　　　B <ruby>时间<rt>shíjiān</rt></ruby>　　　C <ruby>房间 号<rt>fángjiān hào</rt></ruby>

31. A <ruby>羊肉<rt>yángròu</rt></ruby>　　　B <ruby>生日<rt>shēngrì</rt></ruby>　　　C <ruby>新 歌儿<rt>xīn gēr</rt></ruby>

32. A <ruby>饭店<rt>fàndiàn</rt></ruby>　　　B <ruby>汽车站<rt>qìchēzhàn</rt></ruby>　　　C <ruby>火车站<rt>huǒchēzhàn</rt></ruby>

33. A <ruby>学习 好<rt>xuéxí hǎo</rt></ruby>　　　B <ruby>很 好看<rt>hěn hǎokàn</rt></ruby>　　　C <ruby>爱 帮助 人<rt>ài bāngzhù rén</rt></ruby>

34. A <ruby>妻子<rt>qīzi</rt></ruby>　　　B <ruby>妈妈<rt>māma</rt></ruby>　　　C <ruby>姐姐<rt>jiějie</rt></ruby>

35. A <ruby>两 天 前<rt>liǎng tiān qián</rt></ruby>　　　B <ruby>昨天 晚上<rt>zuótiān wǎnshang</rt></ruby>　　　C <ruby>今天 早上<rt>jīntiān zǎoshang</rt></ruby>

二、阅 读

第 一 部 分

第 36–40 题

 A

 B

C

D

E

F

　　　　　Měi ge xīngqīliù, wǒ dōu qù dǎ lánqiú.
例如：每 个 星期六 ， 我 都 去 打 篮球 。　　　　D

　　　Fúwùyuán, zhège cài zěnmeyàng?
36. 服务员 ， 这个 菜 怎么样 ？

　　　Nǐ xiān chī zhège yào, yí ge xīngqī hòu zài lái.
37. 你 先 吃 这个 药 ， 一 个 星期 后 再 来 。

　　　Nǐ dōu wánrle sān ge xiǎoshí de diànnǎo le, xiūxi xiūxi ba.
38. 你 都 玩儿 了 三 个 小时 的 电脑 了 ， 休息 休息 吧 。

　　　Zhǔnbèihǎo le ma? Yī、 èr、 sān, kāishǐ!
39. 准备 好 了 吗 ？ 一 、 二 、 三 ， 开始 ！

　　　Wǒmen yìqǐ chūqu wánr xuě, hǎo ma?
40. 我们 一起 出去 玩儿 雪 ， 好 吗 ？

第 二 部 分

第 41-45 题

	jìn		yīnwèi		kuàilè		fēicháng		guì		bīnguǎn
A	近	B	因为	C	快乐	D	非常	E	贵	F	宾馆

Zhèr　de yángròu hěn hǎochī, dànshì yě hěn
例如： 这儿 的 羊肉 很 好吃， 但是 也 很 （ E ）。

Péngyoumen duì wǒ shuō: "Shēngrì
41. 朋友们 对 我 说："生日 （　　　）！"

Nǐ de yǎnjing lí diànshì tài 　　　 le, zhèyàng bù hǎo.
42. 你 的 眼睛 离 电视 太 （　　　） 了， 这样 不 好 。

Nǐ yǐjīng dào 　　　 le? Zěnme bù zǎo diǎnr gàosu wǒ?
43. 你 已经 到 （　　　） 了？ 怎么 不 早 点儿 告诉 我 ？

Wǒ ràng nǚ'ér qǐng tóngxué lái jiā li chī fàn, tā
44. 我 让 女儿 请 同学 来 家 里 吃 饭， 她 （　　　）
gāoxìng.
高兴 。

Mèimei wèishénme bù shuōhuà ne?
45. 女：妹妹 为什么 不 说话 呢 ？

Kěnéng shì 　　　 kǎoshì méi kǎohǎo.
男：可能 是 （　　　） 考试 没 考好 。

第 三 部 分

第 46–50 题

例如：

Xiànzài shì diǎn fēn, tāmen yǐjīng yóule fēnzhōng le.
现在 是 11 点 30 分 , 他们 已经 游了 20 分钟 了 。

Tāmen diǎn fēn kāishǐ yóuyǒng.
★ 他们 11 点 10 分 开始 游泳 。 (√)

Wǒ huì tiàowǔ, dàn tiàode bù zěnmeyàng.
我 会 跳舞 , 但 跳得 不 怎么样 。

Wǒ tiàode fēicháng hǎo.
★ 我 跳得 非常 好 。 (×)

Tā shì qùnián yuè lái wǒmen gōngsī gōngzuò de, bú dào yì
46. 他 是 去年 10 月 来 我们 公司 工作 的 , 不 到 一
nián tā jiù zhǔnbèi zhǎo xīn gōngzuò le.
年 他 就 准备 找 新 工作 了 。

Tā lái nàge gōngsī hěn duō nián le.
★ 他 来 那个 公司 很 多 年 了 。 ( )

Wǒ jiějie de nǚ'ér jīnnián suì, huà hěn duō, ài wèn wèntí.
47. 我 姐姐 的 女儿 今年 3 岁 , 话 很 多 , 爱 问 问题 。
Zuótiān tā wèn wǒ: "Nǐ jīnnián duō dà le?"
昨天 她 问 我 : "你 今年 多 大 了 ?"

Jiějie de nǚ'ér ài shuōhuà.
★ 姐姐 的 女儿 爱 说话 。 ( )

Zhōngguórén de míngzi yǒu de shì liǎng ge zì, yǒu de shì sān ge
48. 中国人 的 名字 有 的 是 两 个 字 , 有 的 是 三 个
zì, dàn wǒ hái jiànguo yǒu de rén de míngzi shì sì ge zì.
字 , 但 我 还 见过 有 的 人 的 名字 是 四 个 字 。

Zhōngguórén de míngzi méiyǒu sì ge zì de.
★ 中国人 的 名字 没有 四 个 字 的 。 ( )

49. Dàxué de shíhou, suīrán chī hěn duō, dànshì měi tiān yùndòng, nàshí
大学 的 时候, 虽然 吃 很 多, 但是 每 天 运动, 那时
wǒ gōngjīn. Xiànzài wǒ hěn shǎo yùndòng le, yǐjīng gōngjīn le.
我 60 公斤。 现在 我 很 少 运动 了, 已经 80 公斤 了。

Tā shàng dàxué shí chīde duō.
★ 他 上 大学 时 吃得 多。 ( )

50. Xiǎo Bái, tiānqì zhème lěng, hái ràng nǐ gěi wǒ sòng dōngxi,
小 白, 天气 这么 冷, 还 让 你 给 我 送 东西,
zhēnshi bù hǎoyìsi. Kuài jìnlai hē bēi rè chá ba.
真是 不 好意思。 快 进来 喝 杯 热 茶 吧。

Tā xiǎng ràng Xiǎo Bái kuài diǎnr huíjiā.
★ 他 想 让 小 白 快 点儿 回家。 ( )

第 四 部 分

第51-55题

A 喂？我 到 了，怎么 没 见到 你？
Wéi? Wǒ dào le, zěnme méi jiàndào nǐ?

B "跳舞" 的 "舞" 字 是 这么 写 吗？
"Tiàowǔ" de "wǔ" zì shì zhème xiě ma?

C 知道 了，你 休息，到 家 我 叫 你。
Zhīdào le, nǐ xiūxi, dào jiā wǒ jiào nǐ.

D 这 是 我 姐姐 的，好看 吧？
Zhè shì wǒ jiějie de, hǎokàn ba?

E 他 在 哪儿 呢？你 看见 他 了 吗？
Tā zài nǎr ne? Nǐ kànjiàn tā le ma?

F 这 本 书 是 介绍 汉语 的。
Zhè běn shū shì jièshào Hànyǔ de.

例如：他 还 在 教室 里 学习。 | E |
Tā hái zài jiàoshì li xuéxí.

51. 错 了，你 看 我 的。 | |
Cuò le, nǐ kàn wǒ de.

52. 开 车 的 时候 别 看 手机。 | |
Kāi chē de shíhou bié kàn shǒujī.

53. 你 穿 的 衣服 怎么 这么 长？ | |
Nǐ chuān de yīfu zěnme zhème cháng?

54. 看完 后，我 觉得 对 我 很 有 帮助。 | |
Kànwán hòu, wǒ juéde duì wǒ hěn yǒu bāngzhù.

55. 我 在 旁边 的 咖啡店 里。 | |
Wǒ zài pángbiān de kāfēidiàn li.

第 56-60 题

A
Dìdi, zhèlǐ yǒu hěn duō bēizi, nǎge shì nǐ de?
弟弟， 这里 有 很 多 杯子， 哪个 是 你 的 ？

B
Nǐ kàn, shàngmiàn xiězhe zhōngwǔ diǎn kāi mén.
你 看， 上面 写着 中午 12 点 开 门 。

C
Bù hǎoyìsi, hái yǒu zuìhòu yì zhāng le.
不 好意思， 还 有 最后 一 张 了 。

D
Méi guānxi, kěyǐ zài nàr mǎi.
没 关系， 可以 在 那儿 买 。

E
Wǒ xiǎng wènwen zhè cì gōngsī lǚyóu de shì.
我 想 问问 这 次 公司 旅游 的 事 。

Nín hǎo, gěi wǒ liǎng zhāng piào.
56. 您 好， 给 我 两 张 票 。

Wǒ yě xiǎng qù yóuyǒng, dànshì wǒ méiyǒu yóuyǒngyī.
57. 我 也 想 去 游泳， 但是 我 没有 游泳衣 。

Zuì zuǒbian nàge hóngsè de.
58. 最 左边 那个 红色 的 。

Xiǎo Gāo, tīngshuō nǐ zhǎo wǒ?
59. 小 高， 听说 你 找 我 ？

Nà wǒmen xiān qù bié de dìfang zǒuzou ba.
60. 那 我们 先 去 别 的 地方 走走 吧 。

04회

모의고사

녹음 듣기

준비 다 되셨나요?

1. **듣기 파일**은 트랙 '**TEST 08**'입니다.

   (듣기 파일은 **맛있는북스 홈페이지**(www.booksJRC.com)에서 무료로 다운로드 할 수 있습니다.)

   미리 준비하지 않으셨다면 **QR코드**를 스캔해서 듣기 파일을 준비해 주세요.

2. **답안카드**는 본책 195쪽에 수록되어 있습니다. 한 장을 자른 후에 답을 기입하세요.

3. 2B연필, 지우개, 시계도 준비하셨나요? 2B연필은 두 개를 준비하면 더 좋습니다.

梦想成真!

꿈은 이루어진다!

汉语水平考试
HSK（二级）

注　意

一、HSK (二级) 分两部分：

   1.　听力（35题，约25分钟）

   2.　阅读（25题，22分钟）

二、听力结束后，有3分钟填写答题卡。

三、全部考试约55分钟（含考生填写个人信息时间5分钟）。

一、听 力

第 一 部 分

第 1–10 题

例如：		√
		×
1.		
2.		
3.		
4.		
5.		

6.		
7.		
8.		
9.		
10.		

第 二 部 分

第 11–15 题

A

B

C

D

E

F

Nǐ xǐhuan shénme yùndòng?
例如： 男：你 喜欢 什么 运动？
Wǒ zuì xǐhuan tī zúqiú.
女：我 最 喜欢 踢 足球。 　D

11. 　□

12. 　□

13. 　□

14. 　□

15. 　□

第 16–20 题

A

B

C

D

E

16. ☐

17. ☐

18. ☐

19. ☐

20. ☐

第 三 部 分

第 21-30 题

Xiǎo Wáng, zhèlǐ yǒu jǐ ge bēizi, nǎge shì nǐ de?
男：小 王，这里 有 几 个 杯子，哪个 是 你 的？

Zuǒbian nàge hóngsè de shì wǒ de.
女：左边 那个 红色 的 是 我 的。

Xiǎo Wáng de bēizi shì shénme yánsè de?
问：小 王 的 杯子 是 什么 颜色 的？

hóngsè	hēisè	báisè
A 红色 √	B 黑色	C 白色

21.
méi qǐchuáng	shēngbìng le	láiwǎn le
A 没 起床	B 生病 了	C 来晚 了

22.
xīguā	píngguǒ	yīfu
A 西瓜	B 苹果	C 衣服

23.
chànggē	kàn shǒujī	wánr diànnǎo
A 唱歌	B 看 手机	C 玩儿 电脑

24.
yú	yángròu	miàntiáo
A 鱼	B 羊肉	C 面条

25.
xiān xiūxi	búyào shuōhuà	kuài diǎnr kāi
A 先 休息	B 不要 说话	C 快 点儿 开

26.
hóngsè	báisè	bié de yánsè
A 红色	B 白色	C 别 的 颜色

27.
gōngsī	yīyuàn	shāngdiàn
A 公司	B 医院	C 商店

28.
duō hē shuǐ	ài chī cài	měi tiān pǎobù
A 多 喝 水	B 爱 吃 菜	C 每 天 跑步

29.
hào	hào	hào
A 24 号	B 25 号	C 26 号

30.
qíng	yīn	xiàyǔ
A 晴	B 阴	C 下雨

2급 모의고사 4회 113

第 四 部 分

第31-35题

例如： 女： <ruby>请<rt>Qǐng</rt></ruby> <ruby>在<rt>zài</rt></ruby> <ruby>这儿<rt>zhèr</rt></ruby> <ruby>写<rt>xiě</rt></ruby> <ruby>您<rt>nín</rt></ruby> <ruby>的<rt>de</rt></ruby> <ruby>名字<rt>míngzi</rt></ruby>。

男： <ruby>是<rt>Shì</rt></ruby> <ruby>这儿<rt>zhèr</rt></ruby> <ruby>吗<rt>ma</rt></ruby>？

女： <ruby>不<rt>Bú</rt></ruby> <ruby>是<rt>shì</rt></ruby>， <ruby>是<rt>shì</rt></ruby> <ruby>这儿<rt>zhèr</rt></ruby>。

男： <ruby>好<rt>Hǎo</rt></ruby>， <ruby>谢谢<rt>xièxie</rt></ruby>。

问： <ruby>男<rt>Nán</rt></ruby> <ruby>的<rt>de</rt></ruby> <ruby>要<rt>yào</rt></ruby> <ruby>写<rt>xiě</rt></ruby> <ruby>什么<rt>shénme</rt></ruby>？

A <ruby>名字<rt>míngzi</rt></ruby> √　　　B <ruby>时间<rt>shíjiān</rt></ruby>　　　C <ruby>房间 号<rt>fángjiān hào</rt></ruby>

31. A <ruby>宾馆<rt>bīnguǎn</rt></ruby>　　　B <ruby>机场<rt>jīchǎng</rt></ruby>　　　C <ruby>出租车 上<rt>chūzūchē shang</rt></ruby>

32. A <ruby>太 贵 了<rt>tài guì le</rt></ruby>　　　B <ruby>字 太 多<rt>zì tài duō</rt></ruby>　　　C <ruby>很 有 意思<rt>hěn yǒu yìsi</rt></ruby>

33. A <ruby>哥哥<rt>gēge</rt></ruby>　　　B <ruby>丈夫<rt>zhàngfu</rt></ruby>　　　C <ruby>弟弟<rt>dìdi</rt></ruby>

34. A <ruby>三 个 月<rt>sān ge yuè</rt></ruby>　　　B <ruby>四 个 月<rt>sì ge yuè</rt></ruby>　　　C <ruby>五 个 月<rt>wǔ ge yuè</rt></ruby>

35. A <ruby>找 衣服<rt>zhǎo yīfu</rt></ruby>　　　B <ruby>洗 杯子<rt>xǐ bēizi</rt></ruby>　　　C <ruby>吃 水果<rt>chī shuǐguǒ</rt></ruby>

二、阅 读

第 一 部 分

第 36-40 题

A

B

C

D

E

F

Měi ge xīngqīliù, wǒ dōu qù dǎ lánqiú.
例如： 每 个 星期六， 我 都 去 打 篮球。 | D |

Zhè shì sònggěi nín de, xīwàng nín xǐhuan.
36. 这 是 送给 您 的， 希望 您 喜欢。 | |

Māma chūqu mǎi cài le, tā shuō yí ge xiǎoshí hòu huílai.
37. 妈妈 出去 买 菜 了， 她 说 一 个 小时 后 回来。 | |

Wǒ nǚ'ér suì, yě yào ménpiào ma?
38. 我 女儿 5 岁， 也 要 门票 吗？ | |

Wǒ juéde tiàowǔ shì yí jiàn kuàilè de shìqing.
39. 我 觉得 跳舞 是 一 件 快乐 的 事情。 | |

Tā shēntǐ nǎr dōu méi wèntí, jiù shì yǎnjing bú tài hǎo.
40. 她 身体 哪儿 都 没 问题， 就 是 眼睛 不 太 好。 | |

第 二 部 分

第 41-45 题

      dàjiā   cì   shēngrì   lí   guì   mài

A 大家   B 次   C 生日   D 离   E 贵   F 卖

          Zhèr   de yángròu hěn hǎochī, dànshì yě hěn

例如：这儿 的 羊肉 很 好吃， 但是 也 很 （ E ）。

         Yòubian de zhè jiā fàndiàn, wǒ qùguo liǎng

41. 右边 的 这 家 饭店， 我 去过 两 （   ）。

         Qìchēzhàn   zhèr bù yuǎn, nǐ wǎng qián zǒu jiù néng kànjiàn.

42. 汽车站 （   ）这儿 不 远， 你 往 前 走 就 能 看见。

         Zuótiān de fúwùyuán shuō, zhè kuàir shǒubiǎo   kuài qián.

43. 昨天 的 服务员 说， 这 块儿 手表 （   ）1300 块 钱。

         Jīntiān shì Wáng lǎoshī de   wǒ gěi tā dǎle yí ge diànhuà.

44. 今天 是 王 老师 的 （   ），我 给 她 打了 一 个 电话。

         Nǐ zěnme shénme yě   bù shuō?

45. 女：你 怎么 什么 也 不 说 ？

         Wǒ xiǎng tīngting   shì zěnme xiǎng de.

        男：我 想 听听 （   ） 是 怎么 想 的 。

第 三 部 分

第 46-50题

例如：
Xiànzài shì diǎn fēn, tāmen yǐjīng yóule fēnzhōng le.
现在 是 11 点 30 分， 他们 已经 游了 20 分钟 了。

Tāmen diǎn fēn kāishǐ yóuyǒng.
★ 他们 11 点 10 分 开始 游泳。 　　(√)

Wǒ huì tiàowǔ, dàn tiàode bù zěnmeyàng.
我 会 跳舞， 但 跳得 不 怎么样。

Wǒ tiàode fēicháng hǎo.
★ 我 跳得 非常 好。 　　(×)

46.
Diànyǐng diǎn fēn kāishǐ, hái yǒu bú dào fēnzhōng le. Wǒmen
电影 8 点 40 分 开始， 还 有 不 到 15 分钟 了。 我们
kànwán zài qù mǎi dōngxi ba.
看完 再 去 买 东西 吧。

Diànyǐng hái méiyǒu kāishǐ.
★ 电影 还 没有 开始。 　　(　)

47.
Wǒ zuótiān zài kāfēidiàn děngle Xiǎo Lǐ yí ge duō xiǎoshí, kāfēi
我 昨天 在 咖啡店 等了 小 李 一 个 多 小时， 咖啡
dōu hēwán le, tā yě méi lái.
都 喝完 了， 他 也 没 来。

Xiǎo Lǐ yí ge xiǎoshí hòu dàole kāfēidiàn.
★ 小 李 一 个 小时 后 到了 咖啡店。 　　(　)

48.
Wǒ míngtiān wǎnshang diǎn xià fēijī, nà shíhou jīchǎng hái yǒu
我 明天 晚上 11 点 下 飞机， 那 时候 机场 还 有
chūzūchē, nǐ búyòng lái.
出租车， 你 不用 来。

Tā zuò míngtiān shàngwǔ de fēijī.
★ 他 坐 明天 上午 的 飞机。 　　(　)

49. Xiǎojiě, zhège diànnǎo shì jīnnián zuì xīn de, yǒu hěn duō rén mǎi,
小姐， 这个 电脑 是 今年 最 新 的， 有 很 多 人 买，
xiànzài wǒmen diàn zhǐ yǒu zhè zuìhòu yí ge le.
现在 我们 店 只 有 这 最后 一 个 了。

Bù shǎo rén mǎi nàge diànnǎo.
★ 不 少 人 买 那个 电脑 。   (   )

50. Wǒ de mèimei hěn ài yùndòng. Tā xǐhuan hé nánháizi yìqǐ tī
我 的 妹妹 很 爱 运动。 她 喜欢 和 男孩子 一起 踢
zúqiú, bù xǐhuan hé nǚháizi yìqǐ wánr.
足球， 不 喜欢 和 女孩子 一起 玩儿 。

Tā de mèimei xǐhuan tī zúqiú.
★ 他 的 妹妹 喜欢 踢 足球 。   (   )

第 四 部 分

第 51-55 题

A　真　不　好意思，我　这　就　出去。
Zhēn bù hǎoyìsi, wǒ zhè jiù chūqu.

B　很　便宜，不　到　1000　块　钱。
Hěn piányi, bú dào kuài qián.

C　你　认识　穿　黑色　衣服　的　那个　男　的？
Nǐ rènshi chuān hēisè yīfu de nàge nán de?

D　医生　说　我　肉　吃得　太　多。
Yīshēng shuō wǒ ròu chīde tài duō.

E　他　在　哪儿？你　看见　他　了　吗？
Tā zài nǎr? Nǐ kànjiàn tā le ma?

F　你们　三　个　人　到　这儿，可以　吗？
Nǐmen sān ge rén dào zhèr, kěyǐ ma?

例如：他　还　在　教室　里　学习。
Tā hái zài jiàoshì li xuéxí.

E

51. 这　几　个　椅子　是　多少　钱　买　的？
Zhè jǐ ge yǐzi shì duōshao qián mǎi de?

52. 我们　有　六　个　人，一　个　桌子　坐　不　下。
Wǒmen yǒu liù ge rén, yí ge zhuōzi zuò bu xià.

53. 他？那　是　我　大学　同学。
Tā? Nà shì wǒ dàxué tóngxué.

54. 先生，请　不要　在　这儿　打　电话。
Xiānsheng, qǐng búyào zài zhèr dǎ diànhuà.

55. 他　让　我　少　吃　点儿，但　要　多　吃　水果　和　菜。
Tā ràng wǒ shǎo chī diǎnr, dàn yào duō chī shuǐguǒ hé cài.

第 56-60 题

A 　Miàntiáor zuòhǎo le, kuài guòlai ba.
　面条儿 做好 了 , 快 过来 吧 。

B 　Xiǎng shì xiǎng, dànshì gōngzuò tài máng, méiyǒu shíjiān.
　想 是 想 , 但是 工作 太 忙 , 没有 时间 。

C 　Xiǎo Wáng, nǐ méi jiànguo xuě ma?
　小 王 , 你 没 见过 雪 吗 ?

D 　Māo hé gǒu dōu shì rén de hǎo péngyou.
　猫 和 狗 都 是 人 的 好 朋友 。

E 　Měi tiān shàngwǔ xué chànggē, xiàwǔ qù yóuyǒng.
　每 天 上午 学 唱歌 , 下午 去 游泳 。

56. 　Wǒmen nàr hěn rè, hěn shǎo xià.
　我们 那儿 很 热 , 很 少 下 。　　　　　　□

57. 　Hǎo jǐ tiān méi jiàndào nǐ le, nǐ zuò shénme ne?
　好 几 天 没 见到 你 了 , 你 做 什么 呢 ?　　　　□

58. 　Xièxie, nà wǒ jiù bú kèqi le.
　谢谢 , 那 我 就 不 客气 了 。　　　　　　　□

59. 　Wǎnshang nǐ zěnme bú qù dǎ lánqiú ne?
　晚上 你 怎么 不 去 打 篮球 呢 ?　　　　　□

60. 　Hé tāmen yìqǐ wánr, huì ràng rén hěn kuàilè.
　和 它们 一起 玩儿 , 会 让 人 很 快乐 。　　　　□

정답

녹음 대본

정답

듣기

1.	X	6.	C	11.	F	16.	C
2.	X	7.	B	12.	B	17.	B
3.	√	8.	A	13.	E	18.	A
4.	X	9.	B	14.	A	19.	B
5.	√	10.	C	15.	D	20.	C

독해

21.	√	26.	F	31.	D	36.	F
22.	X	27.	D	32.	A	37.	C
23.	X	28.	C	33.	E	38.	A
24.	√	29.	A	34.	C	39.	B
25.	√	30.	B	35.	B	40.	E

01회
모의고사

녹음 대본

(音乐，30秒，渐弱)

Dàjiā hǎo! Huānyíng cānjiā yī jí kǎoshì.
大家 好！ 欢迎 参加 HSK（一级·）考试。

Dàjiā hǎo! Huānyíng cānjiā yī jí kǎoshì.
大家 好！ 欢迎 参加 HSK（一级）考试。

Dàjiā hǎo! Huānyíng cānjiā yī jí kǎoshì.
大家 好！ 欢迎 参加 HSK（一级）考试。

yī jí tīnglì kǎoshì fēn sì bùfen, gòng tí.
HSK（一级）听力 考试 分 四 部分，共 20 题。

Qǐng dàjiā zhùyì, tīnglì kǎoshì xiànzài kāishǐ.
请 大家 注意， 听力 考试 现在 开始。

Dì-yī bùfen
第一 部分

Yígòng ge tí, měi tí tīng liǎng cì.
一共 5 个 题， 每 题 听 两 次。

Lìrú: hěn gāoxìng
例如：很 高兴

kàn diànyǐng
看 电影

Xiànzài kāishǐ dì tí:
现在 开始 第 1 题：

1-01 mǎi dōngxi
1. 买 东西

1-02 hē chá
2. 喝 茶

1-03 zài shuìjiào
3. 在　睡觉

1-04 hěn　rè
4. 很　热

1-05 māo　hé　gǒu
5. 猫　和　狗

第二 部分

Yígòng　ge tí,　měi　tí　tīng liǎng　cì.
一共 5 个 题，　每　题　听　两　次。

Lìrú: Zhè　shì　wǒ　de　shū.
例如：这　是　我　的　书。

Xiànzài kāishǐ　dì　tí:
现在　开始　第 6 题：

1-06 Xiànzài shì　shíyī diǎn wǔshíwǔ　fēn.
6. 现在　是　十一　点　五十五　分。

1-07 Tā　jīntiān hěn gāoxìng.
7. 他　今天　很　高兴。

1-08 Wǒ　māma xǐhuan kàn　shū.
8. 我　妈妈 喜欢　看　书。

1-09 Wéi,　nǐ　xiànzài zài　nǎr?
9. 喂，　你　现在　在　哪儿？

1-10 Zhuōzi shang yǒu　jǐ　ge　bēizi.
10. 桌子　上　有　几　个　杯子。

Yígòng ge tí, měi tí tīng liǎng cì.
一共 5 个 题， 每 题 听 两 次。

Lìrú: Nǐ hǎo!
例如：女：你 好！

Nǐ hǎo! Hěn gāoxìng rènshi nǐ.
男：你 好！ 很 高兴 认识 你。

Xiànzài kāishǐ dì tí:
现在 开始 第 11 题：

1-11
11. 女：Nǐ kànjiàn wǒ de yīfu le ma?
你 看见 我 的 衣服 了 吗？

Zài nàr, zài yǐzi shang.
男：在 那儿， 在 椅子 上。

1-12
12. 男：Tā shì shéi?
她 是 谁？

Zhè shì wǒ de Hànyǔ lǎoshī.
女：这 是 我 的 汉语 老师。

1-13
13. 女：Xièxie nǐ jīntiān lái kàn wǒmen!
谢谢 你 今天 来 看 我们！

Bú kèqi, wǒ míngtiān zài lái. Zàijiàn!
男：不 客气， 我 明天 再 来。 再见！

1-14
14. 男：Xiǎojiě, zhèxiē dōngxi kuài qián.
小姐， 这些 东西 300 块 钱。

Hǎo de.
女：好 的。

1-15
15. 女：Nǐ zěnme qù xuéxiào?
你 怎么 去 学校？

Wǒ zuò bàba de chē.
男：我 坐 爸爸 的 车。

Yígòng　ge tí,　měi　tí　tīng liǎng　cì.
一共 5 个 题 ， 每 题 听 两 次 。

Lìrú: Xiàwǔ　wǒ　qù shāngdiàn,　wǒ　xiǎng mǎi　yìxiē　shuǐguǒ.
例如：下午 我 去 商店 ， 我 想 买 一些 水果 。

　　　　Tā　xiàwǔ　qù　nǎlǐ?
问：他 下午 去 哪里 ？

Xiànzài kāishǐ　dì　tí:
现在 开始 第 16 题 ：

1-16 Érzi　jīnnián　suì,　tā　xiǎng　qù Zhōngguó xué　Hànyǔ.
16. 儿子 今年 18 岁 ， 他 想 去 中国 学 汉语 。

　　　　Érzi　xiǎng zuò shénme?
问：儿子 想 做 什么 ？

1-17 Zhège piàoliang de　yīfu　shì　wǒ　māma mǎi　de.
17. 这个 漂亮 的 衣服 是 我 妈妈 买 的 。

　　　　Yīfu　shì shéi mǎi de?
问：衣服 是 谁 买 的 ？

1-18 Zuótiān　xiàyǔ　le,　jīntiān　tài　lěng　le.
18. 昨天 下雨 了 ， 今天 太 冷 了 。

　　　　Jīntiān　tiānqì zěnmeyàng?
问：今天 天气 怎么样 ？

1-19 Wǒ　xiǎng mǎi　sān　běn　shū, nǐmen　néng　hé　wǒ　qù　ma?
19. 我 想 买 三 本 书 ， 你们 能 和 我 去 吗 ？

　　　　Tā xiǎng mǎi　jǐ　běn　shū?
问：他 想 买 几 本 书 ？

Tā jīntiān zuò fēijī qù Běijīng le, xīngqītiān huílai.
20. 他 今天 坐 飞机 去 北京 了 , 星期天 回来 。

Tā shénme shíhou huílai?
问： 他 什么 时候 回来 ?

Tīnglì kǎoshì xiànzài jiéshù.
听力 考试 现在 结束 。

맛있는 중국어 HSK 첫걸음 400제 1급

정답

듣기

1.	√	6.	C	11.	E	16.	B
2.	X	7.	A	12.	A	17.	C
3.	X	8.	A	13.	D	18.	B
4.	√	9.	B	14.	B	19.	A
5.	X	10.	B	15.	F	20.	C

독해

21.	X	26.	B	31.	E	36.	B
22.	√	27.	A	32.	B	37.	E
23.	X	28.	F	33.	D	38.	C
24.	√	29.	D	34.	C	39.	F
25.	√	30.	C	35.	A	40.	A

녹음 대본

(音乐，30秒，渐弱)

(音乐，30秒，渐弱)

Dàjiā hǎo! Huānyíng cānjiā　　　yī jí kǎoshì.
大家 好！ 欢迎 参加 HSK（一 级） 考试。

Dàjiā hǎo! Huānyíng cānjiā　　　yī jí kǎoshì.
大家 好！ 欢迎 参加 HSK（一 级） 考试。

Dàjiā hǎo! Huānyíng cānjiā　　　yī jí kǎoshì.
大家 好！ 欢迎 参加 HSK（一 级） 考试。

　　　yī jí tīnglì kǎoshì fēn sì bùfen, gòng tí.
HSK（一 级） 听力 考试 分 四 部分， 共 20 题。

Qǐng dàjiā zhùyì, tīnglì kǎoshì xiànzài kāishǐ.
请 大家 注意， 听力 考试 现在 开始。

Dì-yī bùfen
第一 部分

Yígòng ge tí, měi tí tīng liǎng cì.
一共 5 个 题， 每 题 听 两 次。

Lìrú: hěn gāoxìng
例如：很 高兴

kàn diànyǐng
看 电影

Xiànzài kāishǐ dì tí:
现在 开始 第1题：

hěn duō shū
2-01
1. 很 多 书

zuò chūzūchē
2-02
2. 坐 出租车

2-03
chī shuǐguǒ
3. 吃　水果

2-04
xiàyǔ　le
4. 下雨　了

2-05
zhuōzi　hé　yǐzi
5. 桌子　和　椅子

Dì-èr bùfen
第二 部分

Yígòng　ge tí,　měi　tí　tīng liǎng　cì.
一共 5 个 题， 每　题　听　两　次。

Lìrú: Zhè　shì　wǒ　de　shū.
例如：这　是　我　的　书。

Xiànzài kāishǐ　dì　tí:
现在　开始　第 6 题：

2-06
Tāmen zài　xuéxí　ne.
6. 他们　在　学习　呢。

2-07
Wǒ　jiā yǒu　sì　ge　rén.
7. 我　家　有　四　个　人。

2-08
Zuòzài　nǐ hòumiàn de　rén　shì　shéi?
8. 坐在　你　后面　的　人　是　谁？

2-09
Érzi　xià　ge　yuè qù　Běijīng.
9. 儿子　下　个　月　去　北京。

2-10
Tā　de　yīfu　tài piàoliang le.
10. 她　的　衣服　太　漂亮　了。

Yígòng ge tí, měi tí tīng liǎng cì.
一共 5 个 题，每 题 听 两 次。

Lìrú: Nǐ hǎo!
例如：女：你 好！

Nǐ hǎo! Hěn gāoxìng rènshi nǐ.
男：你 好！很 高兴 认识 你。

Xiànzài kāishǐ dì tí:
现在 开始 第 11 题：

2-11
Zhè shì nǐ de gǒu ma?
11. 女：这 是 你 的 狗 吗？

Bú shì, shì wǒ péngyou de.
男：不 是，是 我 朋友 的。

2-12
Nǐ huì bu huì kāi chē?
12. 男：你 会 不 会 开 车？

Duìbuqǐ, wǒ bú huì.
女：对不起，我 不 会。

2-13
Nǐ zhùzài nǎr?
13. 女：你 住在 哪儿？

Wǒ hé bàba dōu zhùzài sān sān jiǔ.
男：我 和 爸爸 都 住在 三 三 九。

2-14
Zhè shì nǐmen de cài.
14. 男：这 是 你们 的 菜。

Xièxie!
女：谢谢！

2-15
Zhèxiē píngguǒ shì zài nǎr mǎi de?
15. 女：这些 苹果 是 在 哪儿 买 的？

Zài yīyuàn qiánmiàn de shāngdiàn.
男：在 医院 前面 的 商店。

Dì-sì   bùfen
第四 部分

Yígòng   ge tí,   měi   tí   tīng liǎng   cì.
一共 5 个 题 ， 每 题 听 两 次 。

Lìrú: Xiàwǔ   wǒ   qù   shāngdiàn,   wǒ   xiǎng mǎi   yìxiē   shuǐguǒ.
例如：下午 我 去 商店 ， 我 想 买 一些 水果 。

　　　Tā   xiàwǔ   qù   nǎlǐ?
问：他 下午 去 哪里 ?

Xiànzài kāishǐ   dì   tí:
现在 开始 第 16 题：

2-16 Xiǎojiě, zhège   bēizi duōshao qián?
16. 小姐 ， 这个 杯子 多少 钱 ?

　　　Tā   xiǎng mǎi shénme?
问：他 想 买 什么 ?

2-17 Wǒ   de péngyou jīnnián   suì,   tā   hěn piàoliang.
17. 我 的 朋友 今年 20 岁 ， 她 很 漂亮 。

　　　Péngyou zěnmeyàng?
问：朋友 怎么样 ?

2-18 Jīntiān   xīngqīwǔ,   wǒ   hé tóngxué míngtiān   qù   kàn diànyǐng.
18. 今天 星期五 ， 我 和 同学 明天 去 看 电影 。

　　　Tā   hé tóngxué shénme shíhou   qù   kàn diànyǐng?
问：他 和 同学 什么 时候 去 看 电影 ?

2-19 Lǎoshī   qù   yīyuàn   le,   bù   néng lái   xuéxiào.
19. 老师 去 医院 了 ， 不 能 来 学校 。

　　　Lǎoshī qù   nǎr   le?
问：老师 去 哪儿 了 ?

2-20

Nǐ shuō de nàge diànnǎo bú shì wǒ de, shì māma de.
20. 你 说 的 那个 电脑 不 是 我 的， 是 妈妈 的。

Diànnǎo shì shéi de?
问：电脑 是 谁 的？

Tīnglì kǎoshì xiànzài jiéshù.
听力 考试 现在 结束。

맛있는 중국어
HSK 첫걸음 **400제** 1급

정답

듣기

1.	√	6.	A	11.	D	16.	C
2.	X	7.	C	12.	A	17.	B
3.	√	8.	B	13.	B	18.	B
4.	X	9.	C	14.	F	19.	A
5.	X	10.	A	15.	E	20.	B

독해

21.	√	26.	A	31.	D	36.	B
22.	√	27.	C	32.	C	37.	E
23.	X	28.	F	33.	A	38.	F
24.	√	29.	D	34.	E	39.	C
25.	X	30.	B	35.	B	40.	A

03회 녹음 대본
모의고사

(音乐，30秒，渐弱)

Dàjiā hǎo! Huānyíng cānjiā yī jí kǎoshì.
大家 好！ 欢迎 参加 HSK（一级）考试。

Dàjiā hǎo! Huānyíng cānjiā yī jí kǎoshì.
大家 好！ 欢迎 参加 HSK（一级）考试。

Dàjiā hǎo! Huānyíng cānjiā yī jí kǎoshì.
大家 好！ 欢迎 参加 HSK（一级）考试。

yī jí tīnglì kǎoshì fēn sì bùfen, gòng tí.
HSK（一级）听力 考试 分 四 部分，共 20 题。

Qǐng dàjiā zhùyì, tīnglì kǎoshì xiànzài kāishǐ.
请 大家 注意，听力 考试 现在 开始。

Dì-yī bùfen
第一 部分

Yígòng ge tí, měi tí tīng liǎng cì.
一共 5 个 题，每 题 听 两 次。

Lìrú: hěn gāoxìng
例如：很 高兴

kàn diànyǐng
看 电影

Xiànzài kāishǐ dì tí:
现在 开始 第 1 题：

3-01 méiyǒu qián
1. 没有 钱

3-02 duìbuqǐ
2. 对不起

3-03 zuò fēijī
3. 坐 飞机

3-04 dú shū
4. 读 书

3-05 yí ge diànshì
5. 一 个 电视

Dì-èr bùfen
第二 部分

Yígòng ge tí, měi tí tīng liǎng cì.
一共 5 个 题， 每 题 听 两 次。

Lìrú: Zhè shì wǒ de shū.
例如：这 是 我 的 书。

Xiànzài kāishǐ dì tí:
现在 开始 第 6 题：

3-06 Wǒ péngyou shì lǎoshī.
6. 我 朋友 是 老师。

3-07 Xīngqīsān huì xiàyǔ.
7. 星期三 会 下雨。

3-08 Xiǎomāo lái nǐ jiā jǐ nián le?
8. 小猫 来 你 家 几 年 了？

3-09 Zhōngguó yǒu duōshao rén?
9. 中国 有 多少 人？

3-10 Tā jīnnián shíwǔ suì le.
10. 他 今年 十五 岁 了。

Yígòng ge tí, měi tí tīng liǎng cì.
一共 5 个 题， 每 题 听 两 次。

Lìrú: Nǐ hǎo!
例如： 女： 你 好！

Nǐ hǎo! Hěn gāoxìng rènshi nǐ.
男： 你 好！ 很 高兴 认识 你。

Xiànzài kāishǐ dì tí:
现在 开始 第 11 题：

3-11
Tóngxué, zhè shì nǐ de shū ma?
11. 女： 同学， 这 是 你 的 书 吗？

Shì de, tài xièxie nǐ le!
男： 是 的， 太 谢谢 你 了！

3-12
Wéi, wǒ zài fàndiàn qiánmiàn, nǐ ne?
12. 男： 喂， 我 在 饭店 前面， 你 呢？

Wǒ zài chūzūchē shang ne.
女： 我 在 出租车 上 呢。

3-13
Nín kàn yíxià zhège chá.
13. 女： 您 看 一下 这个 茶。

Hěn hǎohē, duōshao qián?
男： 很 好喝， 多少 钱？

3-14
Wǒmen zuòzài zhèr, zěnmeyàng?
14. 男： 我们 坐在 这儿， 怎么样？

Hǎo. Nǐ zuòzài lǐmiàn.
女： 好。 你 坐在 里面。

3-15
Nǐ mǎi de dōngxi tài duō le!
15. 女： 你 买 的 东西 太 多 了！

Zhèxiē dōu shì nǚ'ér xǐhuan chī de.
男： 这些 都 是 女儿 喜欢 吃 的。

Yígòng ge tí, měi tí tīng liǎng cì.
一共 5 个 题， 每 题 听 两 次。

Lìrú: Xiàwǔ wǒ qù shāngdiàn, wǒ xiǎng mǎi yìxiē shuǐguǒ.
例如：下午 我 去 商店， 我 想 买 一些 水果。

　　　　Tā xiàwǔ qù nǎlǐ?
问：他 下午 去 哪里 ?

Xiànzài kāishǐ dì tí:
现在 开始 第 16 题：

3-16 Wǒ érzi de Hànyǔ hěn hǎo, tā rènshi bù shǎo Hànzì.
16. 我 儿子 的 汉语 很 好， 他 认识 不 少 汉字。

　　　　Érzi de Hànyǔ zěnmeyàng?
问：儿子 的 汉语 怎么样 ?

3-17 Wǒ shì yīshēng, wǒ xǐhuan wǒ de gōngzuò.
17. 我 是 医生， 我 喜欢 我 的 工作。

　　　　Tā zài nǎr gōngzuò?
问：他 在 哪儿 工作 ?

3-18 Jīntiān shì bā yuè jiǔ hào, xīngqīsì.
18. 今天 是 八 月 九 号， 星期四。

　　　　Zuótiān shì jǐ hào?
问：昨天 是 几 号 ?

3-19 Zhuōzi shang yǒu yí ge diànnǎo hé liǎng ge píngguǒ.
19. 桌子 上 有 一 个 电脑 和 两 个 苹果。

　　　Zhuōzi shang méiyǒu shénme?
问：桌子 上 没有 什么 ?

3-20
Wǒ bàba qī diǎn chī fàn, shí diǎn shuìjiào.
20. 我 爸爸 七 点 吃 饭, 十 点 睡觉。

Bàba qī diǎn zuò shénme?
问: 爸爸 七 点 做 什么?

Tīnglì kǎoshì xiànzài jiéshù.
听力 考试 现在 结束。

맛있는 중국어
HSK 첫걸음 **400제** 1급

정답

듣기

1.	X	6.	B	11.	E	16.	B
2.	√	7.	B	12.	F	17.	A
3.	√	8.	C	13.	B	18.	A
4.	√	9.	A	14.	A	19.	C
5.	X	10.	C	15.	D	20.	C

독해

21.	X	26.	D	31.	D	36.	B
22.	X	27.	A	32.	E	37.	C
23.	X	28.	F	33.	C	38.	E
24.	√	29.	C	34.	A	39.	A
25.	√	30.	B	35.	B	40.	F

04회 녹음 대본

(音乐，30秒，渐弱)

Dàjiā   hǎo!   Huānyíng   cānjiā   yī jí   kǎoshì.
大家   好！   欢迎   参加   HSK（一 级）考试。

Dàjiā   hǎo!   Huānyíng   cānjiā   yī jí   kǎoshì.
大家   好！   欢迎   参加   HSK（一 级）考试。

Dàjiā   hǎo!   Huānyíng   cānjiā   yī jí   kǎoshì.
大家   好！   欢迎   参加   HSK（一 级）考试。

yī jí   tīnglì   kǎoshì fēn   sì   bùfen, gòng   tí.
HSK（一 级）听力   考试   分   四   部分，共 20 题。

Qǐng dàjiā   zhùyì,   tīnglì kǎoshì xiànzài kāishǐ.
请   大家   注意，听力   考试   现在   开始。

Dì-yī   bùfen
第一 部分

Yígòng ge tí,   měi   tí   tīng liǎng cì.
一共 5 个 题，每 题 听 两   次。

Lìrú: hěn gāoxìng
例如：很   高兴

       kàn diànyǐng
       看   电影

Xiànzài kāishǐ   dì   tí:
现在   开始   第 1 题：

🎧
4-01
qù zhōngguó
1. 去   中国

🎧
4-02
chī píngguǒ
2. 吃   苹果

🎧 xièxie
4-03
3. 谢谢

🎧 dǎ diànhuà
4-04
4. 打 电话

🎧 bàba hé érzi
4-05
5. 爸爸 和 儿子

Dì-èr bùfen
第二 部分

Yígòng ge tí, měi tí tīng liǎng cì.
一共 5 个 题， 每 题 听 两 次。

Lìrú: Zhè shì wǒ de shū.
例如：这 是 我 的 书。

Xiànzài kāishǐ dì tí:
现在 开始 第 6 题：

🎧 Wǒmen kànkan zhè lǐmiàn yǒu shénme.
4-06
6. 我们 看看 这 里面 有 什么。

🎧 Wǒ diǎn qù yīyuàn kàn nǐ.
4-07
7. 我 5 点 去 医院 看 你。

🎧 Bàba hé māma dōu hěn xǐhuan hē chá.
4-08
8. 爸爸 和 妈妈 都 很 喜欢 喝 茶。

🎧 Xiānsheng, zhège bēizi kuài qián.
4-09
9. 先生， 这个 杯子 65 块 钱。

🎧 Xiǎogǒu zài shuìjiào ne.
4-10
10. 小狗 在 睡觉 呢。

Yígòng ge tí, měi tí tīng liǎng cì.
一共 5 个 题， 每 题 听 两 次。

Lìrú: Nǐ hǎo!
例如：女：你 好！

        Nǐ hǎo! Hěn gāoxìng rènshi nǐ.
        男：你 好！很 高兴 认识 你。

Xiànzài kāishǐ   dì   tí:
现在   开始   第 11 题：

4-11
11. 女：我们   明天   去   看   电影， 好   吗？
Wǒmen míngtiān qù   kàn diànyǐng, hǎo ma?

        Duìbuqǐ,   wǒ méiyǒu shíjiān.
        男：对不起， 我   没有   时间。

4-12
12. 男：小   明，你   妈妈   在   做   什么   呢？
Xiǎo Míng, nǐ   māma zài   zuò shénme ne?

        Tā zài jiā li kàn diànshì ne.
        女：她 在 家 里 看 电视 呢。

4-13
13. 女：后面   那个   同学   叫 什么   名字？
Hòumiàn nàge tóngxué jiào shénme míngzi?

        Tā jiào Wáng Yǔ, xiàyǔ   de   yǔ.
        男：他 叫 王 雨，下雨 的 雨。

4-14
14. 男：你 去 看 医生 了   吗？
Nǐ qù kàn yīshēng le   ma?

        Qù le, xiànzài hǎo duō le.
        女：去 了，现在 好 多 了。

4-15
15. 女：你 吃 饭 了 吗？
Nǐ chī fàn le ma?

        Méiyǒu, wǒ chīle   yìdiǎnr shuǐguǒ.
        男：没有， 我   吃了   一点儿   水果。

Yígòng ge tí, měi tí tīng liǎng cì.
一共 5 个 题， 每 题 听 两 次。

Lìrú: Xiàwǔ wǒ qù shāngdiàn, wǒ xiǎng mǎi yìxiē shuǐguǒ.
例如：下午 我 去 商店， 我 想 买 一些 水果。

　　　　Tā xiàwǔ qù nǎlǐ?
　　问：他 下午 去 哪里？

Xiànzài kāishǐ dì tí:
现在 开始 第 16 题：

🎧 Lǎoshī, zhège zì zěnme dú?
4-16
16. 老师， 这个 字 怎么 读？

　　　　Tāmen zài nǎr?
　　问：他们 在 哪儿？

🎧 Tā shàngwǔ gōngzuò, xiàwǔ xué zuò Zhōngguó cài.
4-17
17. 他 上午 工作， 下午 学 做 中国 菜。

　　　　Tā xiàwǔ zuò shénme?
　　问：他 下午 做 什么？

🎧 Zhège píngguǒ tài dà le, wǒ xiǎng chī ge xiǎo de.
4-18
18. 这个 苹果 太 大 了， 我 想 吃 个 小 的。

　　　　Nàge píngguǒ zěnmeyàng?
　　问：那个 苹果 怎么样？

🎧 Qiánmiàn yǒu hěn duō shāngdiàn, wǒ xiǎng qù mǎi yìdiǎnr dōngxi.
4-19
19. 前面 有 很 多 商店， 我 想 去 买 一点儿 东西。

　　　　Tā xiǎng zuò shénme?
　　问：他 想 做 什么？

Xiànzài diǎn, wǒmen diǎn fēn huíjiā.
20. 现在 6 点， 我们 6 点 30 分 回家。

Tāmen jǐ diǎn huíjiā?
问：他们 几 点 回家？

Tīnglì kǎoshì xiànzài jiéshù.
听力 考试 现在 结束。

맛있는 중국어 HSK 첫걸음 400제 2급 01회 모의고사

정답

듣기

1.	√	6.	X	11.	E	16.	E
2.	√	7.	X	12.	B	17.	A
3.	X	8.	√	13.	C	18.	B
4.	X	9.	√	14.	F	19.	D
5.	√	10.	X	15.	A	20.	C

21.	C	26.	B	31.	C
22.	B	27.	C	32.	A
23.	A	28.	A	33.	A
24.	B	29.	B	34.	A
25.	C	30.	B	35.	B

독해

36.	C	41.	D	46.	X	51.	D	56.	E
37.	A	42.	C	47.	X	52.	C	57.	B
38.	E	43.	A	48.	√	53.	B	58.	D
39.	F	44.	F	49.	√	54.	F	59.	C
40.	B	45.	B	50.	√	55.	A	60.	A

146 **맛있는 중국어** HSK 첫걸음 1, 2급 400제

녹음 대본

(音乐，30秒，渐弱)

Dàjiā hǎo! Huānyíng cānjiā er jí kǎoshì.
大家 好！ 欢迎 参加 HSK（二级） 考试。

Dàjiā hǎo! Huānyíng cānjiā er jí kǎoshì.
大家 好！ 欢迎 参加 HSK（二级） 考试。

Dàjiā hǎo! Huānyíng cānjiā er jí kǎoshì.
大家 好！ 欢迎 参加 HSK（二级） 考试。

er jí tīnglì kǎoshì fēn sì bùfen, gòng tí.
HSK（二级）听力 考试 分 四 部分， 共 35 题。

Qǐng dàjiā zhùyì, tīnglì kǎoshì xiànzài kāishǐ.
请 大家 注意， 听力 考试 现在 开始。

Dì-yī bùfen
第一 部分

Yígòng ge tí, měi tí tīng liǎng cì.
一共 10 个 题， 每 题 听 两 次。

Lìrú: Wǒmen jiā yǒu sān ge rén.
例如：我们 家 有 三 个 人。

Wǒ měi tiān zuò gōnggòng qìchē qù shàngbān.
我 每 天 坐 公共 汽车 去 上班。

Xiànzài kāishǐ dì tí:
现在 开始 第1题：

5-01
1. Māma měi tiān gěi wǒ dú bàozhǐ.
妈妈 每 天 给 我 读 报纸。

5-02
2. Zhèlǐ de rén zuì ài chī miàntiáor.
这里 的 人 最 爱 吃 面条儿。

5-03 Wǒ zuótiān mǎile yí ge xīn diànnǎo.
3. 我 昨天 买了 一 个 新 电脑。

5-04 Tài rè le, wǒ yào chī yí kuàir xīguā.
4. 太 热 了， 我 要 吃 一 块儿 西瓜。

5-05 Huānyíng nǐ lái wǒmen gōngsī gōngzuò.
5. 欢迎 你 来 我们 公司 工作。

5-06 Zhège wèntí nǐ huì zuò ma?
6. 这个 问题 你 会 做 吗？

5-07 Zuótiān xiàyǔ de shíhou, wǒ zhèngzài tī zúqiú ne.
7. 昨天 下雨 的 时候， 我 正在 踢 足球 呢。

5-08 Wǒ jīntiān zǎoshang bā diǎn dào de jiàoshì.
8. 我 今天 早上 八 点 到 的 教室。

5-09 Nǐ zhège cài zuòde fēicháng hǎo, dàjiā dōu xǐhuan.
9. 你 这个 菜 做得 非常 好， 大家 都 喜欢。

5-10 Wǒmen mǎi zhè jiàn sònggěi bàba ba.
10. 我们 买 这 件 送给 爸爸 吧。

Dì-èr bùfen
第二 部分

Yígòng ge tí, měi tí tīng liǎng cì.
一共 10 个 题， 每 题 听 两 次。

Lìrú: Nǐ xǐhuan shénme yùndòng?
例如：男：你 喜欢 什么 运动？

Wǒ zuì xǐhuan tī zúqiú.
女：我 最 喜欢 踢 足球。

Xiànzài kāishǐ dì dào tí:
现在 开始 第 11 到 15 题：

5-11

11. 女：Xiǎo Lǐ zěnme hái méi lái?
　　小 李 怎么 还 没 来？

　　男：Tā shēngbìng le, qù yīyuàn le.
　　他 生病 了， 去 医院 了。

5-12

12. 男：Fúwùyuán, zài gěi wǒ lái yí ge mǐfàn.
　　服务员， 再 给 我 来 一 个 米饭。

　　女：Hǎo de, nín děng yíxià.
　　好 的， 您 等 一下。

5-13

13. 女：Shēngrì kuàilè! Zhè shì sònggěi nǐ de.
　　生日 快乐！ 这 是 送给 你 的。

　　男：Wǒ kěyǐ dǎkāi kànkan ma?
　　我 可以 打开 看看 吗？

5-14

14. 男：Wǒ bāngbang nǐmen ba!
　　我 帮帮 你们 吧！

　　女：Xièxie nǐ! Nǐ yě shì lái lǚyóu de ma?
　　谢谢 你！ 你 也 是 来 旅游 的 吗？

5-15

15. 女：Zuǒbian de bǐ yòubian de guì.
　　左边 的 比 右边 的 贵。

　　男：Zuǒbian de suīrán guì, dànshì hěn hǎohē.
　　左边 的 虽然 贵， 但是 很 好喝。

Xiànzài kāishǐ dì dào tí:
现在 开始 第 16 到 20 题：

5-16

16. 男：Qǐngwèn, nín qù nǎr?
　　请问， 您 去 哪儿？

　　女：Jīchǎng. Nín néng kāi kuài yìdiǎnr ma?
　　机场。 您 能 开 快 一点儿 吗？

5-17

17. 女：Nǐ juéde nǎge zuì piàoliang?
　　你 觉得 哪个 最 漂亮？

　　男：Dōu fēicháng hǎokàn.
　　都 非常 好看。

5-18
18. 男： Zuì hòumiàn zuǒbian de zhège rén shì nǐ ma?
最　后面　左边　的　这个　人　是　你　吗？

女： Bú duì, nǐ zài zhǎozhao.
不　对，你　再　找找。

5-19
19. 女： Nǐ shuō de shì zhēn de ma? Bù kěnéng ba?
你　说　的　是　真　的　吗？不　可能　吧？

男： Shì zhēn de, dàjiā dōu zhīdào le.
是　真　的，大家　都　知道　了。

5-20
20. 男： Zhè shì Wáng xiānsheng ràng wǒ mǎi de piào, nǐ néng bāng wǒ gěi tā ma?
这　是　王　先生　让　我　买　的　票，你　能　帮　我　给　他　吗？

女： Méi wèntí.
没　问题。

Dì-sān bùfen
第三 部分

Yígòng 10 ge tí, měi tí tīng liǎng cì.
一共 10 个 题，每 题 听 两 次。

Lìrú: 男： Xiǎo Wáng, zhèlǐ yǒu jǐ ge bēizi, nǎge shì nǐ de?
例如：男：小　王，这里　有　几　个　杯子，哪个　是　你　的？

女： Zuǒbian nàge hóngsè de shì wǒ de.
左边　那个　红色　的　是　我　的。

问： Xiǎo Wáng de bēizi shì shénme yánsè de?
小　王　的　杯子　是　什么　颜色　的？

Xiànzài kāishǐ dì 21 tí:
现在　开始　第 21 题：

5-21
21. 男： Nǐ kànguo zhège diànyǐng ma?
你　看过　这个　电影　吗？

女： Wǒ zuótiān kàn de. Fēicháng yǒu yìsi.
我　昨天　看　的。非常　有　意思。

Nàge diànyǐng zěnmeyàng?
问：那个 电影 怎么样？

5-22
Jiā li méiyǒu niúnǎi le.
22. 女：家 里 没有 牛奶 了。

Nǐ gěi érzi dǎ diànhuà, ràng tā huílai de shíhou mǎi yìxiē.
男：你 给 儿子 打 电话，让 他 回来 的 时候 买 一些。

Tāmen ràng érzi mǎi shénme?
问：他们 让 儿子 买 什么？

5-23
Nǐ zěnme hái zài jiàoshì? Kuài huíjiā ba!
23. 男：你 怎么 还 在 教室？ 快 回家 吧！

Wǒ hái yǒu yí ge tí méi zuòwán, zuòwán jiù zǒu.
女：我 还 有 一 个 题 没 做完，做完 就 走。

Tāmen xiànzài kěnéng zài nǎr?
问：他们 现在 可能 在 哪儿？

5-24
Nǐ gěi xiǎogǒu mǎi xīn yīfu le ma?
24. 女：你 给 小狗 买 新 衣服 了 吗？

Duì. Tā hěn xǐhuan zhè jiàn hóngsè de yīfu.
男：对。 它 很 喜欢 这 件 红色 的 衣服。

Xiǎogǒu xǐhuan shénme yánsè de yīfu?
问：小狗 喜欢 什么 颜色 的 衣服？

5-25
Wǒ de yǎnjing bù hǎo, wǒmen zuò qiánmiàn ba.
25. 男：我 的 眼睛 不 好， 我们 坐 前面 吧。

Hǎo de.
女：好 的。

Nán de wèishénme yào zuò qiánmiàn?
问：男 的 为什么 要 坐 前面？

5-26
Nǐ dì-yī cì lái Zhōngguó ma?
26. 女：你 第一 次 来 中国 吗？

Wǒ nián yīnwèi gōngzuò láiguo yí cì, nàshí hái bú huì shuō Hànyǔ.
男：我 2017 年 因为 工作 来过 一 次， 那时 还 不 会 说 汉语。

Zhè cì shì nán de dì-jǐ cì lái Zhōngguó?
问：这 次 是 男 的 第几 次 来 中国？

Nǐ hái zhùzài jīchǎng pángbiān ma?
27. 男: 你 还 住在 机场 旁边 吗?

Bù, wǒ xiànzài zhùzài jiějie jiā.
女: 不, 我 现在 住在 姐姐 家。

Nǚ de zhùzài shéi de jiā?
问: 女 的 住在 谁 的 家?

Míngtiān kǎoshì, méiyǒu shǒubiǎo wǒ zěnme kàn shíjiān ne?
28. 女: 明天 考试, 没有 手表 我 怎么 看 时间 呢?

Méi guānxi, jiàoshì li yǒu zhōng.
男: 没 关系, 教室 里 有 钟。

Nǚ de míngtiān zuò shénme?
问: 女 的 明天 做 什么?

Nǐ huì zuò yángròu ma?
29. 男: 你 会 做 羊肉 吗?

Wǒ méi zuòguo yángròu, dǎ diànhuà wènwen māma ba.
女: 我 没 做过 羊肉, 打 电话 问问 妈妈 吧。

Nǚ de shì shénme yìsi?
问: 女 的 是 什么 意思?

Míngtiān jiù shì yuè hào le, nǐ gēn nǚpéngyou zuò shénme?
30. 女: 明天 就 是 2 月 14 号 了, 你 跟 女朋友 做 什么?

Wǒmen yìqǐ chī wǎnfàn.
男: 我们 一起 吃 晚饭。

Jīntiān shì jǐ hào?
问: 今天 是 几 号?

Yígòng ge tí,   měi   tí   tīng liǎng cì.
一共 5 个 题， 每   题 听   两   次。

Lìrú: Qǐng zài zhèr xiě nín de míngzi.
例如：女：请 在   这儿 写   您   的   名字。

         Shì   zhèr   ma?
男：是   这儿   吗？

         Bú shì,   shì   zhèr.
女：不   是，   是   这儿。

         Hǎo,   xièxie.
男：好，   谢谢。

         Nán de yào xiě shénme?
问：男   的   要   写   什么？

Xiànzài kāishǐ   dì   tí:
现在   开始   第 31 题：

5-31
31. 女：爸爸， 你 看， 外面 下雪 了。
         Bàba,   nǐ kàn, wàimiàn xiàxuě le.

         Báibái de xuě zhēn piàoliang!
男：白白   的 雪 真   漂亮！

         Wǒmen yìqǐ qù wánr xuě ba.
女：我们   一起 去   玩儿 雪   吧。

         Kěyǐ, dànshì nǐ yào duō chuān diǎnr   yīfu.
男：可以， 但是 你 要 多   穿   点儿   衣服。

         Xiànzài tiānqì zěnmeyàng?
问：现在   天气   怎么样？

5-32

32. 男：Zhè shì jīnnián zuì xīn de shǒujī, yǒu báisè de hé hēisè de.
这 是 今年 最 新 的 手机， 有 白色 的 和 黑色 的。

女：Duōshao qián?
多少 钱？

男：Liǎngqiān liùbǎi kuài.
两千 六百 块。

女：Tài guì le! Yǒu piányi diǎnr de ma?
太 贵 了！ 有 便宜 点儿 的 吗？

问：Nàge shǒujī duōshao qián?
那个 手机 多少 钱？

5-33

33. 女：Qǐngwèn, dào Běijīng Fàndiàn zěnme zǒu?
请问， 到 北京 饭店 怎么 走？

男：Kěyǐ zǒuzhe qù, yě kěyǐ zuò gōnggòng qìchē qù.
可以 走着 去， 也 可以 坐 公共 汽车 去。

女：Zǒuzhe qù duō cháng shíjiān?
走着 去 多 长 时间？

男：Shíjǐ fēnzhōng.
十几 分钟。

问：Nǚ de kěnéng zěnme qù Běijīng Fàndiàn?
女 的 可能 怎么 去 北京 饭店？

5-34

34. 男：Nǐ tiàowǔ tiàode zhēn hǎo!
你 跳舞 跳得 真 好！

女：Wǒ cóng xiǎo jiù kāishǐ xuéxí tiàowǔ.
我 从 小 就 开始 学习 跳舞。

男：Wǒ yě xiǎng xuéxí tiàowǔ, nǐ néng bāngzhù wǒ ma?
我 也 想 学习 跳舞， 你 能 帮助 我 吗？

女：Méi wèntí!
没 问题！

问：Nán de xiǎng xué shénme?
男 的 想 学 什么？

35. 女：
Nǐ wèishénme bú yìqǐ yóuyǒng?
你 为什么 不 一起 游泳？

男：
Wǒ shēntǐ bú tài hǎo.
我 身体 不 太 好。

女：
Qù yīyuàn kàn le ma?
去 医院 看 了 吗？

男：
Qù le, yīshēng gàosu wǒ yào duō xiūxi, bù néng yùndòng.
去 了, 医生 告诉 我 要 多 休息， 不 能 运动。

问：
Nán de wèishénme bú yìqǐ yóuyǒng?
男 的 为什么 不 一起 游泳？

Tīnglì kǎoshì xiànzài jiéshù.
听力 考试 现在 结束。

정답

듣기

1.	X	6.	√	11.	F	16.	C
2.	√	7.	√	12.	A	17.	A
3.	√	8.	X	13.	C	18.	E
4.	X	9.	X	14.	B	19.	D
5.	X	10.	√	15.	E	20.	B

21.	A	26.	C	31.	B
22.	C	27.	A	32.	A
23.	B	28.	C	33.	B
24.	C	29.	C	34.	A
25.	B	30.	B	35.	B

독해

36.	F	41.	A	46.	X	51.	C	56.	B
37.	E	42.	F	47.	X	52.	B	57.	E
38.	B	43.	D	48.	X	53.	F	58.	C
39.	C	44.	B	49.	√	54.	A	59.	A
40.	A	45.	C	50.	√	55.	D	60.	D

녹음 대본

(音乐，30秒，渐弱)

Dàjiā hǎo! Huānyíng cānjiā HSK (二级) èr jí kǎoshì.
大家 好！ 欢迎 参加 HSK（二 级）考试。

Dàjiā hǎo! Huānyíng cānjiā HSK (二级) èr jí kǎoshì.
大家 好！ 欢迎 参加 HSK（二 级）考试。

Dàjiā hǎo! Huānyíng cānjiā HSK (二级) èr jí kǎoshì.
大家 好！ 欢迎 参加 HSK（二 级）考试。

HSK (二级) èr jí tīnglì kǎoshì fēn sì bùfen, gòng tí.
HSK（二 级）听力 考试 分 四 部分，共 35题。

Qǐng dàjiā zhùyì, tīnglì kǎoshì xiànzài kāishǐ.
请 大家 注意， 听力 考试 现在 开始。

第一 部分
Dì-yī bùfen

Yígòng ge tí, měi tí tīng liǎng cì.
一共 10个 题， 每 题 听 两 次。

Lìrú: Wǒmen jiā yǒu sān ge rén.
例如：我们 家 有 三 个 人。

Wǒ měi tiān zuò gōnggòng qìchē qù shàngbān.
我 每 天 坐 公共 汽车 去 上班。

Xiànzài kāishǐ dì tí:
现在 开始 第1题：

6-01 Diànshì shang shuō jīntiān shì ge qíngtiān.
1. 电视 上 说 今天 是 个 晴天。

6-02 Huānyíng dàjiā lái lǚyóu, qǐng dàjiā wǎng zhèbian zǒu.
2. 欢迎 大家 来 旅游，请 大家 往 这边 走。

6-03
Zhè jiàn yīfu shì qīzi qùnián sòng gěi tā de.
3. 这 件 衣服 是 妻子 去年 送给 他 的。

6-04
Érzi chī fàn de shíhou ài kàn diànshì.
4. 儿子 吃 饭 的 时候 爱 看 电视。

6-05
Tā xiàozhe shuō: "Bú kèqi!"
5. 他 笑着 说:"不 客气!"

6-06
Hěn gāoxìng nǐ néng lái wǒ jiā, kuài qǐng jìn.
6. 很 高兴 你 能 来 我 家,快 请 进。

6-07
Lái, měi rén chī yí kuàir xīguā ba.
7. 来,每 人 吃 一 块儿 西瓜 吧。

6-08
Nàge chuān báisè yīfu de rén shì Wáng yīshēng.
8. 那个 穿 白色 衣服 的 人 是 王 医生。

6-09
Lǎoshī, jiàoshì li de zhuōzi hé yǐzi dōu bú jiàn le.
9. 老师,教室 里 的 桌子 和 椅子 都 不 见 了。

6-10
Zhèr mǎi piào de rén tài duō le, wǒmen zài shǒujī shang mǎi ba.
10. 这儿 买 票 的 人 太 多 了,我们 在 手机 上 买 吧。

Dì-èr bùfen
第二 部分

Yígòng ge tí, měi tí tīng liǎng cì.
一共 10 个 题,每 题 听 两 次。

Lìrú: Nǐ xǐhuan shénme yùndòng?
例如:男:你 喜欢 什么 运动?

Wǒ zuì xǐhuan tī zúqiú.
女:我 最 喜欢 踢 足球。

Xiànzài kāishǐ dì dào tí:
现在 开始 第 11 到 15 题:

6-11

11. 女： Dōngdong, nǐ lái huídá zhège wèntí.
东东， 你 来 回答 这个 问题。

男： Duìbuqǐ, wǒ bú huì.
对不起， 我 不 会。

6-12

12. 男： Nǐ chīde tài shǎo le, zài chī diǎnr ba!
你 吃得 太 少 了， 再 吃 点儿 吧！

女： Méi guānxi, wǒ chī fàn qián chīle yí ge píngguǒ.
没 关系， 我 吃 饭 前 吃了 一 个 苹果。

6-13

13. 女： Wǒ de māo hěn xǐhuan nǐ de xiǎoyú.
我 的 猫 很 喜欢 你 的 小鱼。

男： Tā bú huì xiǎng chī ba?
它 不 会 想 吃 吧？

6-14

14. 男： Jīntiān lù shang de chē wèishénme zhème duō?
今天 路 上 的 车 为什么 这么 多？

女： Kěnéng dàjiā dōu xiǎng xiūxi de shíhou chūqu wánr ba.
可能 大家 都 想 休息 的 时候 出去 玩儿 吧。

6-15

15. 女： Dìdi ne? Tā zěnme méi yìqǐ chūlai pǎobù?
弟弟 呢？ 他 怎么 没 一起 出来 跑步？

男： Tā zuótiān shuìde wǎn, hái méi qǐchuáng.
他 昨天 睡得 晚， 还 没 起床。

Xiànzài kāishǐ dì dào tí:
现在 开始 第 16 到 20 题：

6-16

16. 男： Nǐ kànjiàn wǒ de bēizi le ma?
你 看见 我 的 杯子 了 吗？

女： Lǐmiàn yǒu shuǐguǒ de nàge shì nǐ de ma?
里面 有 水果 的 那个 是 你 的 吗？

6-17

17. 女： Wéi, wǒ zhèngzài xiàqu ne, nǐ zài nǎr?
喂， 我 正在 下去 呢， 你 在 哪儿？

男： Nǐ wǎng hòu kàn.
你 往 后 看。

6-18
Māma zěnme bù lái yìqǐ kàn diànshì?
18. 男：妈妈 怎么 不 来 一起 看 电视？

Tā xǐ yīfu ne, xǐwán jiù guòlai.
女：她 洗 衣服 呢, 洗完 就 过来。

6-19
Zhè kuàir shǒubiǎo wǔqiān duō kuài, zhēn guì!
19. 女：这 块儿 手表 五千 多 块, 真 贵！

Nǐ xǐhuan ma? Wǒ gěi nǐ mǎi.
男：你 喜欢 吗？ 我 给 你 买。

6-20
Zǒulù de shíhou wánr shǒujī, duì yǎnjing hěn bù hǎo.
20. 男：走路 的 时候 玩儿 手机, 对 眼睛 很 不 好。

Zhīdào le, wǒ bù wánr le.
女：知道 了, 我 不 玩儿 了。

Dì-sān bùfen
第三 部分

Yígòng ge tí, měi tí tīng liǎng cì.
一共 10 个 题, 每 题 听 两 次。

Lìrú: Xiǎo Wáng, zhèlǐ yǒu jǐ ge bēizi, nǎge shì nǐ de?
例如：男：小 王, 这里 有 几 个 杯子, 哪个 是 你 的？

Zuǒbian nàge hóngsè de shì wǒ de.
女：左边 那个 红色 的 是 我 的。

Xiǎo Wáng de bēizi shì shénme yánsè de?
问：小 王 的 杯子 是 什么 颜色 的？

Xiànzài kāishǐ dì tí:
现在 开始 第 21 题：

6-21
Tiān yīn le, kěnéng yào xiàyǔ le.
21. 男：天 阴 了, 可能 要 下雨 了。

Nà wǒmen zuò chūzūchē qù ba.
女：那 我们 坐 出租车 去 吧。

Xiànzài tiānqì zěnmeyàng?
问：现在 天气 怎么样？

6-22
Wéi, Zhāng xiānsheng, nǐ xiànzài zài nǎr?
22. 女：喂， 张 先生， 你 现在 在 哪儿？

Wǒ xìng Wáng, nǐ dǎcuò diànhuà le.
男：我 姓 王， 你 打错 电话 了。

Nǚ de zěnme le?
问：女 的 怎么 了？

6-23
Jīdàn duōshao qián yì jīn?
23. 男：鸡蛋 多少 钱 一 斤？

Wǔ kuài liù. Nín yào duōshao?
女：五 块 六。 您 要 多少？

Jīdàn yì jīn duōshao qián?
问：鸡蛋 一 斤 多少 钱？

6-24
Dàjiā dōu qù chī wǔfàn le, nǐ bú qù ma?
24. 女：大家 都 去 吃 午饭 了， 你 不 去 吗？

Wǒ zài kàn yíhuìr shū.
男：我 再 看 一会儿 书。

Nán de wèishénme hái bú qù chī wǔfàn?
问：男 的 为什么 还 不 去 吃 午饭？

6-25
Nǐ shénme shíhou cóng Běijīng huílai de?
25. 男：你 什么 时候 从 北京 回来 的？

Xīngqīsān, zài jiā xiūxile yì tiān jiù lái shàngbān le.
女：星期三， 在 家 休息了 一 天 就 来 上班 了。

Nǚ de shénme shíhou huílai de?
问：女 的 什么 时候 回来 的？

6-26
Biérén dōu bǐ nǐ gāo, nǐ zěnme zuòzài zuì hòumiàn?
26. 女：别人 都 比 你 高， 你 怎么 坐在 最 后面？

Méi guānxi, wǒ néng kànjiàn.
男：没 关系， 我 能 看见。

Nán de zuòzài nǎr?
问：男 的 坐在 哪儿？

Kǎoshì zěnmeyàng?

27. 男: 考试 怎么样?

Bàba, wǒ zhè cì kǎole dì-yī. Nín sòng wǒ shénme lǐwù ne?

女: 爸爸, 我 这 次 考了 第一。 您 送 我 什么 礼物 呢?

Nǚ de xiǎng yào shénme?

问: 女 的 想 要 什么?

Fúwùyuán, wǒ dōu děngle shíjǐ fēnzhōng le, wǒ de kāfēi ne?

28. 女: 服务员, 我 都 等了 十几 分钟 了, 我 的 咖啡 呢?

Duìbuqǐ, xiànzài rén tài duō le.

男: 对不起, 现在 人 太 多 了。

Nán de shì zuò shénme de?

问: 男 的 是 做 什么 的?

Zhège yào zěnme chī?

29. 男: 这个 药 怎么 吃?

Měi tiān chī fàn qián chī yí ge, yì tiān chī sān cì.

女: 每 天 吃 饭 前 吃 一 个, 一 天 吃 三 次。

Yì tiān yào chī jǐ cì yào?

问: 一 天 要 吃 几 次 药?

Nǐmen zěnme bú zuò fēijī qù Zhōngguó ne?

30. 女: 你们 怎么 不 坐 飞机 去 中国 呢?

Suīrán fēijī hěn kuài, dànshì wǒ érzi xiǎng zuò huǒchē.

男: 虽然 飞机 很 快, 但是 我 儿子 想 坐 火车。

Érzi xiǎng zěnme qù Zhōngguó?

问: 儿子 想 怎么 去 中国?

Yígòng ge tí,   měi   tí   tīng liǎng   cì.
一共 5 个题 ， 每   题   听   两   次 。

Lìrú: Qǐng zài   zhèr   xiě   nín   de   míngzi.
例如：女：请   在   这儿   写   您   的   名字 。

Shì   zhèr   ma?
男：是   这儿   吗 ？

Bú   shì,   shì   zhèr.
女：不   是 ，   是   这儿 。

Hǎo,   xièxie.
男：好 ，   谢谢 。

Nán   de   yào   xiě   shénme?
问：男   的   要   写   什么 ？

Xiànzài kāishǐ   dì   tí:
现在   开始   第 31 题 ：

Qǐngwèn,   wǒ   nǚ'ér   zài   nǎr?
6-31
31. 女：请问 ，   我   女儿   在   哪儿 ？

Tā zhèngzài shàng yóuyǒng kè   ne.
男：她   正在   上   游泳   课   呢 。

Shénme   shíhou   xiàkè?
女：什么   时候   下课 ？

Shíwǔ   fēnzhōng hòu.   Nín   kěyǐ   zài   zhèlǐ   děng   tā.
男：十五   分钟   后 。   您   可以   在   这里   等   她 。

Nǚ'ér   zhèngzài zuò shénme?
问：女儿   正在   做   什么 ？

6-32

Nǐ xué Hànyǔ jǐ nián le?

32. 男：你 学 汉语 几 年 了？

Liǎng nián duō le.

女：两 年 多 了。

Nǐ shuōde zhēn búcuò.

男：你 说得 真 不错。

Shuō hái kěyǐ, dànshì xiěde bú tài hǎo.

女：说 还 可以， 但是 写得 不 太 好。

Nǚ de de Hànyǔ zěnmeyàng?

问：女 的 的 汉语 怎么样？

6-33

Nǐ hǎo, hái yǒu fángjiān ma?

33. 女：你 好， 还 有 房间 吗？

Xiànzài hái yǒu yí ge dà chuáng fáng.

男：现在 还 有 一 个 大 床 房。

Duōshao qián?

女：多少 钱？

Wǔbǎi bā.

男：五百 八。

Tāmen zuì kěnéng zài nǎr?

问：他们 最 可能 在 哪儿？

6-34

Jiějie, jīntiān zhōngwǔ nǐ néng gěi wǒ zuò fàn ma?

34. 男：姐姐， 今天 中午 你 能 给 我 做 饭 吗？

Nǐ xiǎng chī shénme?

女：你 想 吃 什么？

Nǐ shàngcì zuò de nàge yángròu fēicháng hǎochī, wǒ hái xiǎng chī.

男：你 上次 做 的 那个 羊肉 非常 好吃， 我 还 想 吃。

Méi wèntí, dànshì nǐ yào xiān qù mǎi yángròu.

女：没 问题， 但是 你 要 先 去 买 羊肉。

Zhōngwǔ shéi zuò fàn?

问：中午 谁 做 饭？

Duìbuqǐ, xiàwǔ wǔ diǎn de piào yǐjīng màiwán le.
35. 女：对不起，下午 五 点 的 票 已经 卖完 了。

Nà wǎnshang bā diǎn de ne?
男：那 晚上 八 点 的 呢？

Yǒu, nín yào jǐ zhāng?
女：有，您 要 几 张？

Gěi wǒ sān zhāng.
男：给 我 三 张。

Nán de mǎile jǐ diǎn de piào?
问：男 的 买了 几 点 的 票？

Tīnglì kǎoshì xiànzài jiéshù.
听力 考试 现在 结束。

01 02 03 04

정답

듣기

1.	√	6.	X	11.	C	16.	D
2.	X	7.	√	12.	B	17.	A
3.	√	8.	X	13.	E	18.	E
4.	X	9.	X	14.	A	19.	B
5.	√	10.	√	15.	F	20.	C

21.	A	26.	A	31.	A
22.	C	27.	B	32.	C
23.	B	28.	B	33.	C
24.	B	29.	B	34.	A
25.	A	30.	C	35.	B

독해

36.	F	41.	C	46.	X	51.	B	56.	C
37.	A	42.	A	47.	√	52.	C	57.	D
38.	B	43.	F	48.	X	53.	D	58.	A
39.	E	44.	D	49.	√	54.	F	59.	E
40.	C	45.	B	50.	X	55.	A	60.	B

녹음 대본

(音乐，30秒，渐弱)

Dàjiā hǎo! Huānyíng cānjiā HSK（二级）kǎoshì.
大家 好！ 欢迎 参加 HSK（二级）考试。

Dàjiā hǎo! Huānyíng cānjiā HSK（二级）kǎoshì.
大家 好！ 欢迎 参加 HSK（二级）考试。

Dàjiā hǎo! Huānyíng cānjiā HSK（二级）kǎoshì.
大家 好！ 欢迎 参加 HSK（二级）考试。

HSK（二级）tīnglì kǎoshì fēn sì bùfen, gòng tí.
HSK（二级）听力 考试 分 四 部分， 共 35题。

Qǐng dàjiā zhùyì, tīnglì kǎoshì xiànzài kāishǐ.
请 大家 注意， 听力 考试 现在 开始。

第一 部分
Dì-yī bùfen

Yígòng ge tí, měi tí tīng liǎng cì.
一共 10个 题， 每 题 听 两 次。

Lìrú: Wǒmen jiā yǒu sān ge rén.
例如：我们 家 有 三 个 人。

Wǒ měi tiān zuò gōnggòng qìchē qù shàngbān.
我 每 天 坐 公共 汽车 去 上班。

Xiànzài kāishǐ dì tí:
现在 开始 第1题：

🔊 Kuài kàn! Tā pǎole dì-yī!
7-01
1. 快 看！ 他 跑了 第一！

🔊 Xiǎojiě, wǒ néng qǐng nín tiàowǔ ma?
7-02
2. 小姐， 我 能 请 您 跳舞 吗？

7-03 Zhège xiǎo fēijī shì nǐ zuò de ma?
3. 这个 小 飞机 是 你 做 的 吗?

7-04 Wǒ xǐle hǎo jǐ jiàn yīfu, tài lèi le.
4. 我 洗了 好 几 件 衣服, 太 累 了。

7-05 Màn diǎnr kāi, huānyíng nǐmen xiàcì zài lái!
5. 慢 点儿 开, 欢迎 你们 下次 再 来!

7-06 Yǐzi xiàbian nàge zúqiú shì wǒmen de ma?
6. 椅子 下边 那个 足球 是 我们 的 吗?

7-07 Nǐ yǒu shíjiān ma? Bāng wǒ kànkan zhège tí.
7. 你 有 时间 吗? 帮 我 看看 这个 题。

7-08 Zhège jīdànmiàn shì wǒ chīguo de zuì hǎochī de.
8. 这个 鸡蛋面 是 我 吃过 的 最 好吃 的。

7-09 Wǒmen děng yíhuìr ba, érzi hái méi qǐchuáng.
9. 我们 等 一会儿 吧, 儿子 还 没 起床。

7-10 Tā chuānde tài shǎo le, suǒyǐ shēngbìng le.
10. 他 穿得 太 少 了, 所以 生病 了。

Dì-èr bùfen
第二 部分

Yígòng ge tí, měi tí tīng liǎng cì.
一共 10 个 题, 每 题 听 两 次。

Lìrú: Nǐ xǐhuan shénme yùndòng?
例如: 男: 你 喜欢 什么 运动?

Wǒ zuì xǐhuan tī zúqiú.
女: 我 最 喜欢 踢 足球。

Xiànzài kāishǐ dì dào tí:
现在 开始 第 11 到 15 题:

11. 女：Bàba, wǒ qù xuéxiào le.
爸爸，我 去 学校 了。

男：Děng yíxià, wǒ hēwán niúnǎi sòng nǐ qù.
等 一下， 我 喝完 牛奶 送 你 去。

12. 男：Nǐ juéde zhèyàng kěyǐ ma?
你 觉得 这样 可以 吗？

女：Yòubian bǐ zuǒbian gāole yìdiǎnr.
右边 比 左边 高了 一点儿。

13. 女：Zhè shì cóng Zhōngguó lái de Wáng Yǔ.
这 是 从 中国 来 的 王 雨。

男：Nín hǎo, jiào wǒ Xiǎo Wáng jiù hǎo.
您 好， 叫 我 小 王 就 好。

14. 男：Gěi nín, qǐng zài zhèr xiě yíxià míngzi.
给 您， 请 在 这儿 写 一下 名字。

女：Xièxie. Shì xiězài zhèlǐ ma?
谢谢。 是 写在 这里 吗？

15. 女：Nǐ xiào shénme ne?
你 笑 什么 呢？

男：Jīntiān de bàozhǐ tài yǒu yìsi le! Nǐ yě kànkan?
今天 的 报纸 太 有 意思 了！ 你 也 看看？

Xiànzài kāishǐ dì dào tí:
现在 开始 第 16 到 20 题：

16. 男：Wéi, wǎnshang xiǎng chī shénme?
喂， 晚上 想 吃 什么？

女：Jiù zài wǒmen gōngsī pángbiān de fànguǎnr chī ba.
就 在 我们 公司 旁边 的 饭馆儿 吃 吧。

17. 女：Píngguǒ zěnme guìle yí kuài qián?
苹果 怎么 贵了 一 块 钱？

男：Nǐ shì zuótiān mǎi de ba? Zuótiān de méiyǒu jīntiān de hǎochī.
你 是 昨天 买 的 吧？ 昨天 的 没有 今天 的 好吃。

2급 녹음 대본

01 02 03 04

18. 男: Zhème duō shū, shénme shíhou néng kànwán ne?
这么 多 书, 什么 时候 能 看完 呢？

女: Yí ge xīngqī kàn yì běn, hěn kuài de.
一 个 星期 看 一 本, 很 快 的。

19. 女: Shì bu shì yào kāishǐ le?
是 不 是 要 开始 了？

男: Wǒ kànkan shǒubiǎo. Méi guānxi, hái yǒu bàn ge xiǎoshí ne.
我 看看 手表。 没 关系, 还 有 半 个 小时 呢。

20. 男: Míngtiān zǎoshang yìqǐ qù yùndòng, zěnme yàng?
明天 早上 一起 去 运动, 怎么 样？

女: Hǎo, nǐ zǎo diǎnr jiào wǒ.
好, 你 早 点儿 叫 我。

第三 部分
Dì-sān bùfen

Yígòng ge tí, měi tí tīng liǎng cì.
一共 10 个 题, 每 题 听 两 次。

例如: 男: Lìrú: Xiǎo Wáng, zhèlǐ yǒu jǐ ge bēizi, nǎge shì nǐ de?
小 王, 这里 有 几 个 杯子, 哪个 是 你 的？

女: Zuǒbian nàge hóngsè de shì wǒ de.
左边 那个 红色 的 是 我 的。

问: Xiǎo Wáng de bēizi shì shénme yánsè de?
小 王 的 杯子 是 什么 颜色 的？

Xiànzài kāishǐ dì tí:
现在 开始 第 21 题:

21. 男: Nǐ yào mǎi xīn shǒujī?
你 要 买 新 手机？

女: Duì, wǒ de shǒujī yǐjīng mǎile liǎng nián le.
对, 我 的 手机 已经 买了 两 年 了。

Nàge shǒujī mǎile jǐ nián le?
问：那个 手机 买了 几 年 了？

7-22
22. 女：Tīng nǐ māma shuō, nǐ qù Běijīng, shì ma?
听 你 妈妈 说， 你 去 北京， 是 吗？

Duì, wǒ qù nàr lǚyóu.
男：对， 我 去 那儿 旅游。

Nán de qù Běijīng zuò shénme?
问：男 的 去 北京 做 什么？

7-23
23. 男：Tiān qíng le, wǒmen kěyǐ qù dǎ lánqiú le!
天 晴 了， 我们 可以 去 打 篮球 了！

Dànshì wàimiàn hái yǒu hěn duō shuǐ.
女：但是 外面 还 有 很 多 水。

Nǚ de shì shénme yìsi?
问：女 的 是 什么 意思？

7-24
24. 女：Nǐ tīngdǒng wǒ shuō de huà le ma?
你 听懂 我 说 的 话 了 吗？

Tīngdǒng le, Lǐ lǎoshī.
男：听懂 了， 李 老师。

Nǚ de shì zuò shénme de?
问：女 的 是 做 什么 的？

7-25
25. 男：Zhè jiàn yīfu néng piányi diǎnr ma?
这 件 衣服 能 便宜 点儿 吗？

Liǎng jiàn sānbǎi yuán, bù néng zài piányi le.
女：两 件 三百 元， 不 能 再 便宜 了。

Liǎng jiàn yīfu duōshao qián?
问：两 件 衣服 多少 钱？

7-26
26. 女：Nǐ kànjiàn wǒ de qiānbǐ le ma?
你 看见 我 的 铅笔 了 吗？

Zhuōzi shang nàge huángsè de shì nǐ de ma?
男：桌子 上 那个 黄色 的 是 你 的 吗？

Nǚ de zài zhǎo shénme?
问：女 的 在 找 什么？

27. 男: Nǐ de xiǎogǒu shēngbìng le ma?
你 的 小狗 生病 了 吗?

女: Shì de. Wǒ gěi tā chīle yào, xīwàng tā kuài diǎnr hǎo qǐlai.
是 的。 我 给 它 吃了 药, 希望 它 快 点儿 好 起来。

问: Xiǎogǒu zěnme le?
小狗 怎么 了?

28. 女: Nǐ de fēijī shì jǐ diǎn de?
你 的 飞机 是 几 点 的?

男: Shíyī diǎn bàn. Hái yǒu yí ge xiǎoshí le, wǒ xiān jìnqu le.
十一 点 半。 还 有 一 个 小时 了, 我 先 进去 了。

问: Tāmen kěnéng zài nǎr?
他们 可能 在 哪儿?

29. 男: Dōu diǎn le, tiān zěnme hái zhème hēi?
都 8 点 了, 天 怎么 还 这么 黑?

女: Nǐ méi tīngjiàn ma? Wàimiàn xiàyǔ ne.
你 没 听见 吗? 外面 下雨 呢。

问: Tiānqì zěnmeyàng?
天气 怎么样?

30. 女: Shàngbān de lù shang chē hěn duō.
上班 的 路 上 车 很 多。

男: Méicuò, wǒ zuò de nà lù gōnggòng qìchē li de rén yě bù shǎo.
没错, 我 坐 的 那 路 公共 汽车 里 的 人 也 不 少。

问: Nán de zěnme shàngbān?
男 的 怎么 上班?

Yígòng ge tí, měi tí tīng liǎng cì.
一共 5 个题， 每 题 听 两 次。

Lìrú: Qǐng zài zhèr xiě nín de míngzi.
例如：女： 请 在 这儿 写 您 的 名字。

         Shì zhèr ma?
     男： 是 这儿 吗？

         Bú shì, shì zhèr.
     女： 不 是， 是 这儿。

         Hǎo, xièxie.
     男： 好， 谢谢。

         Nán de yào xiě shénme?
     问： 男 的 要 写 什么？

Xiànzài kāishǐ dì   tí:
现在 开始 第 31 题：

7-31
31. 男： Nǐ zěnme bù chī zhège cài?
    你 怎么 不 吃 这个 菜？

         Wǒ bù xǐhuan chī yángròu.
     女： 我 不 喜欢 吃 羊肉。

     Wèishénme ne?
     男： 为什么 呢？

         Wǒ xiǎoshíhou chī tài duō le, xiànzài yìdiǎnr yě bù xiǎng chī le.
     女： 我 小时候 吃 太 多 了， 现在 一点儿 也 不 想 吃 了。

         Tāmen zài shuō shénme?
     问： 他们 在 说 什么？

Qǐngwèn, dào huǒchēzhàn shì wǎng zhèbian zǒu ma?
32. 女 : 请问 , 到 火车站 是 往 这边 走 吗 ?

Shì de, dànshì lí zhèr yǒudiǎnr yuǎn.
男 : 是 的 , 但是 离 这儿 有点儿 远 。

Zǒulù yào duō cháng shíjiān?
女 : 走路 要 多 长 时间 ?

Kěnéng yào èrshí duō fēnzhōng.
男 : 可能 要 二十 多 分钟 。

Nǚ de yào qù nǎr?
问 : 女 的 要 去 哪儿 ?

Nǐ juéde Xiǎo Lǐ zěnmeyàng?
33. 男 : 你 觉得 小 李 怎么样 ?

Tā gōngzuò búcuò, yě hěn ài bāngzhù biérén.
女 : 他 工作 不错 , 也 很 爱 帮助 别人 。

Nà nǐ xǐhuan tā ma?
男 : 那 你 喜欢 他 吗 ?

Gōngsī li de rén dōu hěn xǐhuan tā ba?
女 : 公司 里 的 人 都 很 喜欢 他 吧 ?

Xiǎo Lǐ zěnmeyàng?
问 : 小 李 怎么样 ?

Xiǎo Wáng, nǐ yě lái mǎi dōngxi?
34. 女 : 小 王 , 你 也 来 买 东西 ?

Míngtiān shì wǒ qīzi de shēngrì, wǒ lái gěi tā mǎi lǐwù.
男 : 明天 是 我 妻子 的 生日 , 我 来 给 她 买 礼物 。

Nǐ yào mǎi shénme?
女 : 你 要 买 什么 ?

Wǒ hái méi xiǎnghǎo ne.
男 : 我 还 没 想好 呢 。

Nán de yào mǎi lǐwù sònggěi shéi?
问 : 男 的 要 买 礼物 送给 谁 ?

7-35

Wǒmen yìqǐ qù kàn zhège diànyǐng ba!
35. 男：我们 一起 去 看 这个 电影 吧！

Duìbuqǐ, wǒ kànguo le.
女：对不起， 我 看过 了。

Nǐ shénme shíhou kàn de?
男：你 什么 时候 看 的？

Zuótiān wǎnshang.
女：昨天 晚上 。

Nǚ de shénme shíhou kàn de nàge diànyǐng?
问：女 的 什么 时候 看 的 那个 电影？

Tīnglì kǎoshì xiànzài jiéshù.
听力 考试 现在 结束 。

맛있는 중국어 HSK 첫걸음 400제 2급 04회 모의고사

정답

듣기

1.	X	6.	√	11.	E	16.	B
2.	√	7.	X	12.	A	17.	E
3.	√	8.	X	13.	C	18.	A
4.	X	9.	X	14.	B	19.	D
5.	√	10.	√	15.	F	20.	C

21.	C	26.	B	31.	A
22.	B	27.	B	32.	C
23.	C	28.	C	33.	B
24.	A	29.	C	34.	A
25.	C	30.	A	35.	B

독해

36.	A	41.	B	46.	√	51.	B	56.	C
37.	E	42.	D	47.	X	52.	F	57.	E
38.	B	43.	F	48.	X	53.	C	58.	A
39.	F	44.	C	49.	√	54.	A	59.	B
40.	C	45.	A	50.	√	55.	D	60.	D

녹음 대본

04회 모의고사

2급 TEST 08

(音乐，30秒，渐弱)

Dàjiā hǎo! Huānyíng cānjiā èr jí kǎoshì.
大家 好！ 欢迎 参加 HSK（二 级） 考试。

Dàjiā hǎo! Huānyíng cānjiā èr jí kǎoshì.
大家 好！ 欢迎 参加 HSK（二 级） 考试。

Dàjiā hǎo! Huānyíng cānjiā èr jí kǎoshì.
大家 好！ 欢迎 参加 HSK（二 级） 考试。

èr jí tīnglì kǎoshì fēn sì bùfen, gòng tí.
HSK（二 级） 听力 考试 分 四 部分， 共 35 题。

Qǐng dàjiā zhùyì, tīnglì kǎoshì xiànzài kāishǐ.
请 大家 注意， 听力 考试 现在 开始。

Dì-yī bùfen
第一 部分

Yígòng ge tí, měi tí tīng liǎng cì.
一共 10 个 题， 每 题 听 两 次。

Lìrú: Wǒmen jiā yǒu sān ge rén.
例如：我们 家 有 三 个 人。

Wǒ měi tiān zuò gōnggòng qìchē qù shàngbān.
我 每 天 坐 公共 汽车 去 上班。

Xiànzài kāishǐ dì tí:
现在 开始 第1题：

8-01
Měi tiān zǎoshang hē yì bēi niúnǎi duì shēntǐ hěn hǎo.
1. 每 天 早上 喝 一 杯 牛奶 对 身体 很 好。

8-02
Lù shang chē duō, bié ràng xiǎogǒu pǎodào lù shang.
2. 路 上 车 多， 别 让 小狗 跑到 路 上。

2급 녹음 대본

01 02 03 **04**

8-03
Wǒ bǐ jiějie gāo yìdiǎnr.
3. 我 比 姐姐 高 一点儿 。

8-04
Xīnnián, hěn duō rén hé jiārén zài yìqǐ chī fàn.
4. 新年 , 很 多 人 和 家人 在 一起 吃 饭 。

8-05
Tài piàoliang le, xièxie nǐ sònggěi wǒ!
5. 太 漂亮 了 , 谢谢 你 送给 我 !

8-06
Qǐngwèn, yǒu rén zài lǐmiàn ma?
6. 请问 , 有 人 在 里面 吗 ?

8-07
Tài lèi le, wǒmen xiūxi yíxià zài pǎo ba.
7. 太 累 了 , 我们 休息 一下 再 跑 吧 。

8-08
Xiàwán yǔ hòu tiānqì fēicháng lěng.
8. 下完 雨 后 天气 非常 冷 。

8-09
Yǐjīng hěn wǎn le, tā hái zài gōngsī gōngzuò.
9. 已经 很 晚 了 , 他 还 在 公司 工作 。

8-10
Zhège kāfēi zài nǎr mǎi de? Zhēn hǎohē!
10. 这个 咖啡 在 哪儿 买 的 ? 真 好喝 !

Dì-èr bùfen
第二 部分

Yígòng ge tí, měi tí tīng liǎng cì.
一共 10 个 题 , 每 题 听 两 次 。

Lìrú: Nǐ xǐhuan shénme yùndòng?
例如 : 男 : 你 喜欢 什么 运动 ?

          Wǒ zuì xǐhuan tī zúqiú.
    女 : 我 最 喜欢 踢 足球 。

Xiànzài kāishǐ dì dào tí:
现在 开始 第 11 到 15 题 :

8-11
11. 女: Dōu shí diǎn duō le, érzi zěnme hái bù huíjiā?
都 十 点 多 了, 儿子 怎么 还 不 回家?

男: Tā dǎ diànhuà shuō jīntiān zhùzài péngyou jiā.
他 打 电话 说 今天 住在 朋友 家。

8-12
12. 男: Chūlai zǒuzou hòu, wǒ juéde shēntǐ hǎo duō le.
出来 走走 后, 我 觉得 身体 好 多 了。

女: Nín xiǎng chūlai de shíhou jiù gàosu wǒ.
您 想 出来 的 时候 就 告诉 我。

8-13
13. 女: Nǐ kāi chē qù nǎr?
你 开 车 去 哪儿?

男: Wǒ sòng wǒ jiějie qù jīchǎng, tā yào chūguó.
我 送 我 姐姐 去 机场, 她 要 出国。

8-14
14. 男: Tóngxuémen zài lǐmiàn kǎoshì ne, qǐng búyào shuōhuà.
同学们 在 里面 考试 呢, 请 不要 说话。

女: Duìbuqǐ, wǒ zhīdào le.
对不起, 我 知道 了。

8-15
15. 女: Huǒchē jǐ diǎn kāi?
火车 几 点 开?

男: diǎn, hái yǒu yí ge xiǎoshí ne, wǒmen kěyǐ zài zhèr zuò yíhuìr.
7 点, 还 有 一 个 小时 呢, 我们 可以 在 这儿 坐 一会儿。

Xiànzài kāishǐ dì dào tí:
现在 开始 第 16 到 20 题:

8-16
16. 男: Jīntiān xuéxí de dì-sì kè, dōu dǒng le ma?
今天 学习 的 第四 课, 都 懂 了 吗?

女: Lǎoshī, wǒ néng wèn ge wèntí ma?
老师, 我 能 问 个 问题 吗?

8-17
17. 女: Nǐ hǎo, wǒ de Hànyǔ míngzi jiào Zhāng Tiāntian.
你 好, 我 的 汉语 名字 叫 张 天天。

男: Nǐ Hànyǔ shuōde zhēn hǎo!
你 汉语 说得 真 好!

8-18

18. 男：Jīntiān de bàozhǐ zěnme zhème zǎo jiù dào le?
今天 的 报纸 怎么 这么 早 就 到 了？

女：Nà shì zuótiān de.
那 是 昨天 的。

8-19

19. 女：Nǐ měi tiān zuò chūzūchē lái?
你 每 天 坐 出租车 来？

男：Duì. Zuò gōnggòng qìchē tài màn le.
对。坐 公共 汽车 太 慢 了。

8-20

20. 男：Zhèlǐ jiù shì wǒ zuì xǐhuan de shūdiàn.
这里 就 是 我 最 喜欢 的 书店。

女：Zhēn dà a! Wǒmen jìnqu kànkan ba.
真 大 啊！ 我们 进去 看看 吧。

Dì-sān bùfen
第三 部分

Yígòng ge tí, měi tí tīng liǎng cì.
一共 10 个 题，每 题 听 两 次。

Lìrú：男：Xiǎo Wáng, zhèlǐ yǒu jǐ ge bēizi, nǎge shì nǐ de?
例如：男：小 王， 这里 有 几 个 杯子， 哪个 是 你 的？

女：Zuǒbian nàge hóngsè de shì wǒ de.
女：左边 那个 红色 的 是 我 的。

问：Xiǎo Wáng de bēizi shì shénme yánsè de?
问：小 王 的 杯子 是 什么 颜色 的？

Xiànzài kāishǐ dì tí:
现在 开始 第 21 题：

8-21

21. 女：Bú shì gàosu nǐ le ma? Zěnme yòu láiwǎn le?
不 是 告诉 你 了 吗？ 怎么 又 来晚 了？

男：Bù hǎoyìsi, míngtiān bú huì le.
不 好意思， 明天 不 会 了。

Nán de zěnme le?
问：男 的 怎么 了？

8-22
Zhuōzi shang de píngguǒ shì gěi wǒ de ma?
22. 男：桌子 上 的 苹果 是 给 我 的 吗？

Méicuò. Xièxie nǐ zuótiān bāngle wǒ.
女：没错。 谢谢 你 昨天 帮了 我。

Nǚ de gěile nán de shénme?
问：女 的 给了 男 的 什么？

8-23
Kuài shuìjiào ba, bié wánr diànnǎo le!
23. 女：快 睡觉 吧， 别 玩儿 电脑 了！

Míngtiān bú shàngkè, wǒ zài wánr bàn ge xiǎoshí.
男：明天 不 上课， 我 再 玩儿 半 个 小时。

Nán de zhèngzài zuò shénme?
问：男 的 正在 做 什么？

8-24
Wǎnfàn chī shénme?
24. 男：晚饭 吃 什么？

Wǒ zhǔnbèi zuò nǐ zuì xǐhuan de yú, zěnmeyàng?
女：我 准备 做 你 最 喜欢 的 鱼， 怎么样？

Tāmen wǎnfàn yào chī shénme?
问：他们 晚饭 要 吃 什么？

8-25
Nín néng kāi kuài diǎnr ma?
25. 女：您 能 开 快 点儿 吗？

Hǎo de, méi wèntí.
男：好 的， 没 问题。

Nǚ de ràng nán de zěnme zuò?
问：女 的 让 男 的 怎么 做？

8-26
Wǒ juéde zhè jiàn báisè de bǐ hóngsè de hǎokàn.
26. 男：我 觉得 这 件 白色 的 比 红色 的 好看。

Tīng nǐ de, wǒ jiù mǎi tā ba.
女：听 你 的， 我 就 买 它 吧。

Nǚ de yào mǎi shénme yánsè de?
问：女 的 要 买 什么 颜色 的？

Wáng yīshēng, nín lái zhège yīyuàn gōngzuò duōshao nián le?
27. 女：王 医生，您 来 这个 医院 工作 多少 年 了？

Wǒ suì dào zhèr, xiànzài nián le.
男：我 30 岁 到 这儿， 现在 22 年 了。

Nán de zài nǎr gōngzuò?
问：男 的 在 哪儿 工作？

Nǐ bǐ liǎng nián qián piàoliang duō le! Shì yīnwèi měi tiān yùndòng ma?
28. 男：你 比 两 年 前 漂亮 多 了！ 是 因为 每 天 运动 吗？

Xièxie. Duì, wǒ zhè liǎng nián měi tiān zǎoshang dōu pǎobù.
女：谢谢。 对， 我 这 两 年 每 天 早上 都 跑步。

Nǚ de wèishénme bǐ liǎng nián qián piàoliang le?
问：女 的 为什么 比 两 年 前 漂亮 了？

Jīntiān shì hào, dànshì nǐ xiě de shì hào.
29. 女：今天 是 26 号， 但是 你 写 的 是 25 号。

Shì ma? Nǐ bāng wǒ zài xiě yíxià ba.
男：是 吗？ 你 帮 我 再 写 一下 吧。

Jīntiān shì jǐ hào?
问：今天 是 几 号？

Huì bu huì xiàyǔ ne?
30. 男：会 不 会 下雨 呢？

Xiànzài wàimiàn nàme qíng, bú huì de.
女：现在 外面 那么 晴， 不 会 的。

Xiànzài tiānqì zěnmeyàng?
问：现在 天气 怎么样？

Yígòng ge tí, měi tí tīng liǎng cì.
一共 5 个 题， 每 题 听 两 次。

Lìrú: Qǐng zài zhèr xiě nín de míngzi.
例如：女：请 在 这儿 写 您 的 名字。

Shì zhèr ma?
男：是 这儿 吗？

Bú shì, shì zhèr.
女：不 是， 是 这儿。

Hǎo, xièxie.
男：好， 谢谢。

Nán de yào xiě shénme?
问：男 的 要 写 什么？

Xiànzài kāishǐ dì tí:
现在 开始 第 31 题：

Nín hǎo, wǒ zhù fángjiān.
8-31
31. 男：您 好， 我 住 509 房间。

Nín hǎo, nín yǒu shénme shìr?
女：您 好， 您 有 什么 事儿？

Diànshì yǒu wèntí, néng zhǎo rén lái kàn yíxià ma?
男：电视 有 问题， 能 找 人 来 看 一下 吗？

Hǎo de. Wǒmen shí fēnzhōng hòu jiù dào.
女：好 的。 我们 十 分钟 后 就 到。

Tāmen zuì kěnéng zài nǎr?
问：他们 最 可能 在 哪儿？

Nǐ zěnme zhème gāoxìng?
32. 女：你 怎么 这么 高兴？

Nǐ sònggěi wǒ de nà běn Hànyǔ shū, wǒ kànwán le!
男：你 送给 我 的 那 本 汉语 书， 我 看完 了！

Yǒu yìsi ma?
女：有 意思 吗？

Suīrán wǒ kànde yǒudiǎnr màn, dànshì fēicháng yǒu yìsi.
男：虽然 我 看得 有点儿 慢， 但是 非常 有 意思。

Nán de juéde nà běn shū zěnmeyàng?
问：男 的 觉得 那 本 书 怎么样？

Zhège chá shì zài nǎr mǎi de?
33. 男：这个 茶 是 在 哪儿 买 的？

Zhè shì wǒ zhàngfu qùnián cóng Běijīng mǎi huílai de.
女：这 是 我 丈夫 去年 从 北京 买 回来 的。

Běijīng shénme dìfang? Wǒ qù Běijīng de shíhou, yě xiǎng mǎi diǎnr.
男：北京 什么 地方？ 我 去 北京 的 时候， 也 想 买 点儿。

Wǒ bāng nǐ wènwen tā.
女：我 帮 你 问问 他。

Nàge chá shì shéi mǎi de?
问：那个 茶 是 谁 买 的？

Xiǎo Gāo, nǐ lái gōngsī jǐ ge yuè le?
34. 女：小 高， 你 来 公司 几 个 月 了？

Wǒ shì wǔ yuè lái de, xiànzài yǐjīng sān ge yuè le.
男：我 是 五 月 来 的， 现在 已经 三 个 月 了。

Shíjiān tài kuài le. Gōngzuò shang yǒu shénme wèntí jiù wèn wǒ.
女：时间 太 快 了。 工作 上 有 什么 问题 就 问 我。

Xièxie nín!
男：谢谢 您！

Nán de lái gōngsī duō cháng shíjiān le?
问：男 的 来 公司 多 长 时间 了？

35. 男：Diànshì pángbiān de nàge bēizi shì nǐ de ma?
电视　旁边　的　那个　杯子　是　你　的　吗？

女：Shì wǒ de, zěnme le?
是　我　的，怎么　了？

男：Wǒ néng yòng yíxià ma?
我　能　用　一下　吗？

女：Kěyǐ. Dànshì wǒ yòngguo le, nǐ xiān xǐ yíxià ba.
可以。但是　我　用过　了，你　先　洗　一下　吧。

问：Nán de kěnéng huì zuò shénme?
男　的　可能　会　做　什么？

Tīnglì kǎoshì xiànzài jiéshù.
听力　考试　现在　结束。

■ 汉语水平考试 HSK（一级）答题卡 ■

请填写考生信息
按照考试证件上的姓名填写：

姓名	

如果有中文姓名，请填写：

中文姓名	

考生序号	[0] [1] [2] [3] [4] [5] [6] [7] [8] [9]
	[0] [1] [2] [3] [4] [5] [6] [7] [8] [9]
	[0] [1] [2] [3] [4] [5] [6] [7] [8] [9]
	[0] [1] [2] [3] [4] [5] [6] [7] [8] [9]
	[0] [1] [2] [3] [4] [5] [6] [7] [8] [9]

请填写考点信息

考点代码	[0] [1] [2] [3] [4] [5] [6] [7] [8] [9]
	[0] [1] [2] [3] [4] [5] [6] [7] [8] [9]
	[0] [1] [2] [3] [4] [5] [6] [7] [8] [9]
	[0] [1] [2] [3] [4] [5] [6] [7] [8] [9]
	[0] [1] [2] [3] [4] [5] [6] [7] [8] [9]
	[0] [1] [2] [3] [4] [5] [6] [7] [8] [9]
	[0] [1] [2] [3] [4] [5] [6] [7] [8] [9]

国籍	[0] [1] [2] [3] [4] [5] [6] [7] [8] [9]
	[0] [1] [2] [3] [4] [5] [6] [7] [8] [9]
	[0] [1] [2] [3] [4] [5] [6] [7] [8] [9]

年龄	[0] [1] [2] [3] [4] [5] [6] [7] [8] [9]
	[0] [1] [2] [3] [4] [5] [6] [7] [8] [9]

性别	男 [1] 女 [2]

注意	请用2B铅笔这样写：■

一、听力

1. [√] [X]
2. [√] [X]
3. [√] [X]
4. [√] [X]
5. [√] [X]

6. [A] [B] [C]
7. [A] [B] [C]
8. [A] [B] [C]
9. [A] [B] [C]
10. [A] [B] [C]

11. [A] [B] [C] [D] [E] [F]
12. [A] [B] [C] [D] [E] [F]
13. [A] [B] [C] [D] [E] [F]
14. [A] [B] [C] [D] [E] [F]
15. [A] [B] [C] [D] [E] [F]

16. [A] [B] [C]
17. [A] [B] [C]
18. [A] [B] [C]
19. [A] [B] [C]
20. [A] [B] [C]

二、阅读

21. [√] [X]
22. [√] [X]
23. [√] [X]
24. [√] [X]
25. [√] [X]

26. [A] [B] [C] [D] [E] [F]
27. [A] [B] [C] [D] [E] [F]
28. [A] [B] [C] [D] [E] [F]
29. [A] [B] [C] [D] [E] [F]
30. [A] [B] [C] [D] [E] [F]

31. [A] [B] [C] [D] [E] [F]
32. [A] [B] [C] [D] [E] [F]
33. [A] [B] [C] [D] [E] [F]
34. [A] [B] [C] [D] [E] [F]
35. [A] [B] [C] [D] [E] [F]

36. [A] [B] [C] [D] [E] [F]
37. [A] [B] [C] [D] [E] [F]
38. [A] [B] [C] [D] [E] [F]
39. [A] [B] [C] [D] [E] [F]
40. [A] [B] [C] [D] [E] [F]

■ 汉 语 水 平 考 试 ＨＳＫ(一 级)答 题 卡 ■

———请填写考生信息———

———请填写考点信息———

按照考试证件上的姓名填写：

姓名

如果有中文姓名，请填写：

中文姓名

考生序号

考点代码	[0] [1] [2] [3] [4] [5] [6] [7] [8] [9]
	[0] [1] [2] [3] [4] [5] [6] [7] [8] [9]
	[0] [1] [2] [3] [4] [5] [6] [7] [8] [9]
	[0] [1] [2] [3] [4] [5] [6] [7] [8] [9]
	[0] [1] [2] [3] [4] [5] [6] [7] [8] [9]
	[0] [1] [2] [3] [4] [5] [6] [7] [8] [9]
	[0] [1] [2] [3] [4] [5] [6] [7] [8] [9]

国籍	[0] [1] [2] [3] [4] [5] [6] [7] [8] [9]
	[0] [1] [2] [3] [4] [5] [6] [7] [8] [9]
	[0] [1] [2] [3] [4] [5] [6] [7] [8] [9]

年龄	[0] [1] [2] [3] [4] [5] [6] [7] [8] [9]
	[0] [1] [2] [3] [4] [5] [6] [7] [8] [9]

考生序号	[0] [1] [2] [3] [4] [5] [6] [7] [8] [9]
	[0] [1] [2] [3] [4] [5] [6] [7] [8] [9]
	[0] [1] [2] [3] [4] [5] [6] [7] [8] [9]
	[0] [1] [2] [3] [4] [5] [6] [7] [8] [9]
	[0] [1] [2] [3] [4] [5] [6] [7] [8] [9]

性别	男 [1]　　　　女 [2]

注意　请用2B铅笔这样写：■

一、听力

1. [√] [×]　　6. [A] [B] [C]　　11. [A] [B] [C] [D] [E] [F]　　16. [A] [B] [C]

2. [√] [×]　　7. [A] [B] [C]　　12. [A] [B] [C] [D] [E] [F]　　17. [A] [B] [C]

3. [√] [×]　　8. [A] [B] [C]　　13. [A] [B] [C] [D] [E] [F]　　18. [A] [B] [C]

4. [√] [×]　　9. [A] [B] [C]　　14. [A] [B] [C] [D] [E] [F]　　19. [A] [B] [C]

5. [√] [×]　　10. [A] [B] [C]　　15. [A] [B] [C] [D] [E] [F]　　20. [A] [B] [C]

二、阅读

21. [√] [×]　　26. [A] [B] [C] [D] [E] [F]　　31. [A] [B] [C] [D] [E] [F]　　36. [A] [B] [C] [D] [E] [F]

22. [√] [×]　　27. [A] [B] [C] [D] [E] [F]　　32. [A] [B] [C] [D] [E] [F]　　37. [A] [B] [C] [D] [E] [F]

23. [√] [×]　　28. [A] [B] [C] [D] [E] [F]　　33. [A] [B] [C] [D] [E] [F]　　38. [A] [B] [C] [D] [E] [F]

24. [√] [×]　　29. [A] [B] [C] [D] [E] [F]　　34. [A] [B] [C] [D] [E] [F]　　39. [A] [B] [C] [D] [E] [F]

25. [√] [×]　　30. [A] [B] [C] [D] [E] [F]　　35. [A] [B] [C] [D] [E] [F]　　40. [A] [B] [C] [D] [E] [F]

汉语水平考试 HSK (一级) 答题卡 ■

──请填写考生信息──   ──请填写考点信息──

按照考试证件上的姓名填写：

| 姓名 | |

考点代码	[0] [1] [2] [3] [4] [5] [6] [7] [8] [9]
	[0] [1] [2] [3] [4] [5] [6] [7] [8] [9]
	[0] [1] [2] [3] [4] [5] [6] [7] [8] [9]
	[0] [1] [2] [3] [4] [5] [6] [7] [8] [9]
	[0] [1] [2] [3] [4] [5] [6] [7] [8] [9]
	[0] [1] [2] [3] [4] [5] [6] [7] [8] [9]
	[0] [1] [2] [3] [4] [5] [6] [7] [8] [9]

如果有中文姓名，请填写：

| 中文姓名 | |

国籍	[0] [1] [2] [3] [4] [5] [6] [7] [8] [9]
	[0] [1] [2] [3] [4] [5] [6] [7] [8] [9]
	[0] [1] [2] [3] [4] [5] [6] [7] [8] [9]

考生序号	[0] [1] [2] [3] [4] [5] [6] [7] [8] [9]
	[0] [1] [2] [3] [4] [5] [6] [7] [8] [9]
	[0] [1] [2] [3] [4] [5] [6] [7] [8] [9]
	[0] [1] [2] [3] [4] [5] [6] [7] [8] [9]
	[0] [1] [2] [3] [4] [5] [6] [7] [8] [9]

| 年龄 | [0] [1] [2] [3] [4] [5] [6] [7] [8] [9] |
| | [0] [1] [2] [3] [4] [5] [6] [7] [8] [9] |

| 性别 | 男 [1]   女 [2] |

注意 | 请用2B铅笔这样写： ■

一、听力

1. [√] [X]   6. [A] [B] [C]   11. [A] [B] [C] [D] [E] [F]   16. [A] [B] [C]

2. [√] [X]   7. [A] [B] [C]   12. [A] [B] [C] [D] [E] [F]   17. [A] [B] [C]

3. [√] [X]   8. [A] [B] [C]   13. [A] [B] [C] [D] [E] [F]   18. [A] [B] [C]

4. [√] [X]   9. [A] [B] [C]   14. [A] [B] [C] [D] [E] [F]   19. [A] [B] [C]

5. [√] [X]   10. [A] [B] [C]   15. [A] [B] [C] [D] [E] [F]   20. [A] [B] [C]

二、阅读

21. [√] [X]   26. [A] [B] [C] [D] [E] [F]   31. [A] [B] [C] [D] [E] [F]   36. [A] [B] [C] [D] [E] [F]

22. [√] [X]   27. [A] [B] [C] [D] [E] [F]   32. [A] [B] [C] [D] [E] [F]   37. [A] [B] [C] [D] [E] [F]

23. [√] [X]   28. [A] [B] [C] [D] [E] [F]   33. [A] [B] [C] [D] [E] [F]   38. [A] [B] [C] [D] [E] [F]

24. [√] [X]   29. [A] [B] [C] [D] [E] [F]   34. [A] [B] [C] [D] [E] [F]   39. [A] [B] [C] [D] [E] [F]

25. [√] [X]   30. [A] [B] [C] [D] [E] [F]   35. [A] [B] [C] [D] [E] [F]   40. [A] [B] [C] [D] [E] [F]

汉语水平考试 HSK(一级)答题卡 ■

——请填写考生信息——

按照考试证件上的姓名填写：

姓名	

如果有中文姓名，请填写：

中文姓名	

考生序号	[0] [1] [2] [3] [4] [5] [6] [7] [8] [9]
	[0] [1] [2] [3] [4] [5] [6] [7] [8] [9]
	[0] [1] [2] [3] [4] [5] [6] [7] [8] [9]
	[0] [1] [2] [3] [4] [5] [6] [7] [8] [9]
	[0] [1] [2] [3] [4] [5] [6] [7] [8] [9]

——请填写考点信息——

考点代码	[0] [1] [2] [3] [4] [5] [6] [7] [8] [9]
	[0] [1] [2] [3] [4] [5] [6] [7] [8] [9]
	[0] [1] [2] [3] [4] [5] [6] [7] [8] [9]
	[0] [1] [2] [3] [4] [5] [6] [7] [8] [9]
	[0] [1] [2] [3] [4] [5] [6] [7] [8] [9]
	[0] [1] [2] [3] [4] [5] [6] [7] [8] [9]
	[0] [1] [2] [3] [4] [5] [6] [7] [8] [9]

国籍	[0] [1] [2] [3] [4] [5] [6] [7] [8] [9]
	[0] [1] [2] [3] [4] [5] [6] [7] [8] [9]
	[0] [1] [2] [3] [4] [5] [6] [7] [8] [9]

年龄	[0] [1] [2] [3] [4] [5] [6] [7] [8] [9]
	[0] [1] [2] [3] [4] [5] [6] [7] [8] [9]

性别	男 [1]　　　　女 [2]

注意	请用2B铅笔这样写：■

一、听力

1. [√] [✗]　　　6. [A] [B] [C]　　　11. [A] [B] [C] [D] [E] [F]　　　16. [A] [B] [C]

2. [√] [✗]　　　7. [A] [B] [C]　　　12. [A] [B] [C] [D] [E] [F]　　　17. [A] [B] [C]

3. [√] [✗]　　　8. [A] [B] [C]　　　13. [A] [B] [C] [D] [E] [F]　　　18. [A] [B] [C]

4. [√] [✗]　　　9. [A] [B] [C]　　　14. [A] [B] [C] [D] [E] [F]　　　19. [A] [B] [C]

5. [√] [✗]　　　10. [A] [B] [C]　　　15. [A] [B] [C] [D] [E] [F]　　　20. [A] [B] [C]

二、阅读

21. [√] [✗]　　　26. [A] [B] [C] [D] [E] [F]　　　31. [A] [B] [C] [D] [E] [F]　　　36. [A] [B] [C] [D] [E] [F]

22. [√] [✗]　　　27. [A] [B] [C] [D] [E] [F]　　　32. [A] [B] [C] [D] [E] [F]　　　37. [A] [B] [C] [D] [E] [F]

23. [√] [✗]　　　28. [A] [B] [C] [D] [E] [F]　　　33. [A] [B] [C] [D] [E] [F]　　　38. [A] [B] [C] [D] [E] [F]

24. [√] [✗]　　　29. [A] [B] [C] [D] [E] [F]　　　34. [A] [B] [C] [D] [E] [F]　　　39. [A] [B] [C] [D] [E] [F]

25. [√] [✗]　　　30. [A] [B] [C] [D] [E] [F]　　　35. [A] [B] [C] [D] [E] [F]　　　40. [A] [B] [C] [D] [E] [F]

■ 汉语水平考试 HSK（二级）答题卡 ■

—— 请填写考生信息 ——

按照考试证件上的姓名填写：

姓名	

如果有中文姓名，请填写：

中文姓名	

考生序号	[0] [1] [2] [3] [4] [5] [6] [7] [8] [9]
	[0] [1] [2] [3] [4] [5] [6] [7] [8] [9]
	[0] [1] [2] [3] [4] [5] [6] [7] [8] [9]
	[0] [1] [2] [3] [4] [5] [6] [7] [8] [9]
	[0] [1] [2] [3] [4] [5] [6] [7] [8] [9]

—— 请填写考点信息 ——

考点代码	[0] [1] [2] [3] [4] [5] [6] [7] [8] [9]
	[0] [1] [2] [3] [4] [5] [6] [7] [8] [9]
	[0] [1] [2] [3] [4] [5] [6] [7] [8] [9]
	[0] [1] [2] [3] [4] [5] [6] [7] [8] [9]
	[0] [1] [2] [3] [4] [5] [6] [7] [8] [9]
	[0] [1] [2] [3] [4] [5] [6] [7] [8] [9]
	[0] [1] [2] [3] [4] [5] [6] [7] [8] [9]

国籍	[0] [1] [2] [3] [4] [5] [6] [7] [8] [9]
	[0] [1] [2] [3] [4] [5] [6] [7] [8] [9]
	[0] [1] [2] [3] [4] [5] [6] [7] [8] [9]

年龄	[0] [1] [2] [3] [4] [5] [6] [7] [8] [9]
	[0] [1] [2] [3] [4] [5] [6] [7] [8] [9]

性别	男 [1] 女 [2]

注意	请用2B铅笔这样写： ■

一、听力

1. [√] [×]
2. [√] [×]
3. [√] [×]
4. [√] [×]
5. [√] [×]

6. [√] [×]
7. [√] [×]
8. [√] [×]
9. [√] [×]
10. [√] [×]

11. [A] [B] [C] [D] [E] [F]
12. [A] [B] [C] [D] [E] [F]
13. [A] [B] [C] [D] [E] [F]
14. [A] [B] [C] [D] [E] [F]
15. [A] [B] [C] [D] [E] [F]

16. [A] [B] [C] [D] [E] [F]
17. [A] [B] [C] [D] [E] [F]
18. [A] [B] [C] [D] [E] [F]
19. [A] [B] [C] [D] [E] [F]
20. [A] [B] [C] [D] [E] [F]

21. [A] [B] [C]
22. [A] [B] [C]
23. [A] [B] [C]
24. [A] [B] [C]
25. [A] [B] [C]

26. [A] [B] [C]
27. [A] [B] [C]
28. [A] [B] [C]
29. [A] [B] [C]
30. [A] [B] [C]

31. [A] [B] [C]
32. [A] [B] [C]
33. [A] [B] [C]
34. [A] [B] [C]
35. [A] [B] [C]

二、阅读

36. [A] [B] [C] [D] [E] [F]
37. [A] [B] [C] [D] [E] [F]
38. [A] [B] [C] [D] [E] [F]
39. [A] [B] [C] [D] [E] [F]
40. [A] [B] [C] [D] [E] [F]

41. [A] [B] [C] [D] [E] [F]
42. [A] [B] [C] [D] [E] [F]
43. [A] [B] [C] [D] [E] [F]
44. [A] [B] [C] [D] [E] [F]
45. [A] [B] [C] [D] [E] [F]

46. [√] [×]
47. [√] [×]
48. [√] [×]
49. [√] [×]
50. [√] [×]

51. [A] [B] [C] [D] [E] [F]
52. [A] [B] [C] [D] [E] [F]
53. [A] [B] [C] [D] [E] [F]
54. [A] [B] [C] [D] [E] [F]
55. [A] [B] [C] [D] [E] [F]

56. [A] [B] [C] [D] [E] [F]
57. [A] [B] [C] [D] [E] [F]
58. [A] [B] [C] [D] [E] [F]
59. [A] [B] [C] [D] [E] [F]
60. [A] [B] [C] [D] [E] [F]

■ 汉语水平考试 HSK（二级）答题卡 ■

一、听力

1. [√] [✗]
2. [√] [✗]
3. [√] [✗]
4. [√] [✗]
5. [√] [✗]

6. [√] [✗]
7. [√] [✗]
8. [√] [✗]
9. [√] [✗]
10. [√] [✗]

11. [A] [B] [C] [D] [E] [F]
12. [A] [B] [C] [D] [E] [F]
13. [A] [B] [C] [D] [E] [F]
14. [A] [B] [C] [D] [E] [F]
15. [A] [B] [C] [D] [E] [F]

16. [A] [B] [C] [D] [E] [F]
17. [A] [B] [C] [D] [E] [F]
18. [A] [B] [C] [D] [E] [F]
19. [A] [B] [C] [D] [E] [F]
20. [A] [B] [C] [D] [E] [F]

21. [A] [B] [C]
22. [A] [B] [C]
23. [A] [B] [C]
24. [A] [B] [C]
25. [A] [B] [C]

26. [A] [B] [C]
27. [A] [B] [C]
28. [A] [B] [C]
29. [A] [B] [C]
30. [A] [B] [C]

31. [A] [B] [C]
32. [A] [B] [C]
33. [A] [B] [C]
34. [A] [B] [C]
35. [A] [B] [C]

二、阅读

36. [A] [B] [C] [D] [E] [F]
37. [A] [B] [C] [D] [E] [F]
38. [A] [B] [C] [D] [E] [F]
39. [A] [B] [C] [D] [E] [F]
40. [A] [B] [C] [D] [E] [F]

41. [A] [B] [C] [D] [E] [F]
42. [A] [B] [C] [D] [E] [F]
43. [A] [B] [C] [D] [E] [F]
44. [A] [B] [C] [D] [E] [F]
45. [A] [B] [C] [D] [E] [F]

46. [√] [✗]
47. [√] [✗]
48. [√] [✗]
49. [√] [✗]
50. [√] [✗]

51. [A] [B] [C] [D] [E] [F]
52. [A] [B] [C] [D] [E] [F]
53. [A] [B] [C] [D] [E] [F]
54. [A] [B] [C] [D] [E] [F]
55. [A] [B] [C] [D] [E] [F]

56. [A] [B] [C] [D] [E] [F]
57. [A] [B] [C] [D] [E] [F]
58. [A] [B] [C] [D] [E] [F]
59. [A] [B] [C] [D] [E] [F]
60. [A] [B] [C] [D] [E] [F]

■ 汉语水平考试 HSK（二级）答题卡 ■

——请填写考生信息——

按照考试证件上的姓名填写：

姓名

如果有中文姓名，请填写：

中文姓名

考生序号

[0] [1] [2] [3] [4] [5] [6] [7] [8] [9]
[0] [1] [2] [3] [4] [5] [6] [7] [8] [9]
[0] [1] [2] [3] [4] [5] [6] [7] [8] [9]
[0] [1] [2] [3] [4] [5] [6] [7] [8] [9]
[0] [1] [2] [3] [4] [5] [6] [7] [8] [9]

——请填写考点信息——

考点代码

[0] [1] [2] [3] [4] [5] [6] [7] [8] [9]
[0] [1] [2] [3] [4] [5] [6] [7] [8] [9]
[0] [1] [2] [3] [4] [5] [6] [7] [8] [9]
[0] [1] [2] [3] [4] [5] [6] [7] [8] [9]
[0] [1] [2] [3] [4] [5] [6] [7] [8] [9]
[0] [1] [2] [3] [4] [5] [6] [7] [8] [9]
[0] [1] [2] [3] [4] [5] [6] [7] [8] [9]

国籍

[0] [1] [2] [3] [4] [5] [6] [7] [8] [9]
[0] [1] [2] [3] [4] [5] [6] [7] [8] [9]
[0] [1] [2] [3] [4] [5] [6] [7] [8] [9]

年龄

[0] [1] [2] [3] [4] [5] [6] [7] [8] [9]
[0] [1] [2] [3] [4] [5] [6] [7] [8] [9]

性别　　　　男 [1]　　　　女 [2]

注意　　请用2B铅笔这样写：■

一、听力

1. [√] [X]
2. [√] [X]
3. [√] [X]
4. [√] [X]
5. [√] [X]

6. [√] [X]
7. [√] [X]
8. [√] [X]
9. [√] [X]
10. [√] [X]

11. [A] [B] [C] [D] [E] [F]
12. [A] [B] [C] [D] [E] [F]
13. [A] [B] [C] [D] [E] [F]
14. [A] [B] [C] [D] [E] [F]
15. [A] [B] [C] [D] [E] [F]

16. [A] [B] [C] [D] [E] [F]
17. [A] [B] [C] [D] [E] [F]
18. [A] [B] [C] [D] [E] [F]
19. [A] [B] [C] [D] [E] [F]
20. [A] [B] [C] [D] [E] [F]

21. [A] [B] [C]
22. [A] [B] [C]
23. [A] [B] [C]
24. [A] [B] [C]
25. [A] [B] [C]

26. [A] [B] [C]
27. [A] [B] [C]
28. [A] [B] [C]
29. [A] [B] [C]
30. [A] [B] [C]

31. [A] [B] [C]
32. [A] [B] [C]
33. [A] [B] [C]
34. [A] [B] [C]
35. [A] [B] [C]

二、阅读

36. [A] [B] [C] [D] [E] [F]
37. [A] [B] [C] [D] [E] [F]
38. [A] [B] [C] [D] [E] [F]
39. [A] [B] [C] [D] [E] [F]
40. [A] [B] [C] [D] [E] [F]

41. [A] [B] [C] [D] [E] [F]
42. [A] [B] [C] [D] [E] [F]
43. [A] [B] [C] [D] [E] [F]
44. [A] [B] [C] [D] [E] [F]
45. [A] [B] [C] [D] [E] [F]

46. [√] [X]
47. [√] [X]
48. [√] [X]
49. [√] [X]
50. [√] [X]

51. [A] [B] [C] [D] [E] [F]
52. [A] [B] [C] [D] [E] [F]
53. [A] [B] [C] [D] [E] [F]
54. [A] [B] [C] [D] [E] [F]
55. [A] [B] [C] [D] [E] [F]

56. [A] [B] [C] [D] [E] [F]
57. [A] [B] [C] [D] [E] [F]
58. [A] [B] [C] [D] [E] [F]
59. [A] [B] [C] [D] [E] [F]
60. [A] [B] [C] [D] [E] [F]

汉语水平考试 HSK（二级）答题卡 ■

一、听力

1. [√] [×]
2. [√] [×]
3. [√] [×]
4. [√] [×]
5. [√] [×]
6. [√] [×]
7. [√] [×]
8. [√] [×]
9. [√] [×]
10. [√] [×]

11. [A] [B] [C] [D] [E] [F]
12. [A] [B] [C] [D] [E] [F]
13. [A] [B] [C] [D] [E] [F]
14. [A] [B] [C] [D] [E] [F]
15. [A] [B] [C] [D] [E] [F]
16. [A] [B] [C] [D] [E] [F]
17. [A] [B] [C] [D] [E] [F]
18. [A] [B] [C] [D] [E] [F]
19. [A] [B] [C] [D] [E] [F]
20. [A] [B] [C] [D] [E] [F]

21. [A] [B] [C]
22. [A] [B] [C]
23. [A] [B] [C]
24. [A] [B] [C]
25. [A] [B] [C]
26. [A] [B] [C]
27. [A] [B] [C]
28. [A] [B] [C]
29. [A] [B] [C]
30. [A] [B] [C]
31. [A] [B] [C]
32. [A] [B] [C]
33. [A] [B] [C]
34. [A] [B] [C]
35. [A] [B] [C]

二、阅读

36. [A] [B] [C] [D] [E] [F]
37. [A] [B] [C] [D] [E] [F]
38. [A] [B] [C] [D] [E] [F]
39. [A] [B] [C] [D] [E] [F]
40. [A] [B] [C] [D] [E] [F]
41. [A] [B] [C] [D] [E] [F]
42. [A] [B] [C] [D] [E] [F]
43. [A] [B] [C] [D] [E] [F]
44. [A] [B] [C] [D] [E] [F]
45. [A] [B] [C] [D] [E] [F]
46. [√] [×]
47. [√] [×]
48. [√] [×]
49. [√] [×]
50. [√] [×]

51. [A] [B] [C] [D] [E] [F]
52. [A] [B] [C] [D] [E] [F]
53. [A] [B] [C] [D] [E] [F]
54. [A] [B] [C] [D] [E] [F]
55. [A] [B] [C] [D] [E] [F]
56. [A] [B] [C] [D] [E] [F]
57. [A] [B] [C] [D] [E] [F]
58. [A] [B] [C] [D] [E] [F]
59. [A] [B] [C] [D] [E] [F]
60. [A] [B] [C] [D] [E] [F]

汉语水平考试 HSK (二级) 答题卡 ■

━请填写考生信息━

按照考试证件上的姓名填写：

姓名	

如果有中文姓名，请填写：

中文姓名	

考生序号	[0] [1] [2] [3] [4] [5] [6] [7] [8] [9]
	[0] [1] [2] [3] [4] [5] [6] [7] [8] [9]
	[0] [1] [2] [3] [4] [5] [6] [7] [8] [9]
	[0] [1] [2] [3] [4] [5] [6] [7] [8] [9]
	[0] [1] [2] [3] [4] [5] [6] [7] [8] [9]

━请填写考点信息━

考点代码	[0] [1] [2] [3] [4] [5] [6] [7] [8] [9]
	[0] [1] [2] [3] [4] [5] [6] [7] [8] [9]
	[0] [1] [2] [3] [4] [5] [6] [7] [8] [9]
	[0] [1] [2] [3] [4] [5] [6] [7] [8] [9]
	[0] [1] [2] [3] [4] [5] [6] [7] [8] [9]
	[0] [1] [2] [3] [4] [5] [6] [7] [8] [9]
	[0] [1] [2] [3] [4] [5] [6] [7] [8] [9]

国籍	[0] [1] [2] [3] [4] [5] [6] [7] [8] [9]
	[0] [1] [2] [3] [4] [5] [6] [7] [8] [9]
	[0] [1] [2] [3] [4] [5] [6] [7] [8] [9]

年龄	[0] [1] [2] [3] [4] [5] [6] [7] [8] [9]
	[0] [1] [2] [3] [4] [5] [6] [7] [8] [9]

性别	男 [1] 女 [2]

注意	请用2B铅笔这样写： ■

一、听力

1. [√] [X]
2. [√] [X]
3. [√] [X]
4. [√] [X]
5. [√] [X]

6. [√] [X]
7. [√] [X]
8. [√] [X]
9. [√] [X]
10. [√] [X]

11. [A] [B] [C] [D] [E] [F]
12. [A] [B] [C] [D] [E] [F]
13. [A] [B] [C] [D] [E] [F]
14. [A] [B] [C] [D] [E] [F]
15. [A] [B] [C] [D] [E] [F]

16. [A] [B] [C] [D] [E] [F]
17. [A] [B] [C] [D] [E] [F]
18. [A] [B] [C] [D] [E] [F]
19. [A] [B] [C] [D] [E] [F]
20. [A] [B] [C] [D] [E] [F]

21. [A] [B] [C]
22. [A] [B] [C]
23. [A] [B] [C]
24. [A] [B] [C]
25. [A] [B] [C]

26. [A] [B] [C]
27. [A] [B] [C]
28. [A] [B] [C]
29. [A] [B] [C]
30. [A] [B] [C]

31. [A] [B] [C]
32. [A] [B] [C]
33. [A] [B] [C]
34. [A] [B] [C]
35. [A] [B] [C]

二、阅读

36. [A] [B] [C] [D] [E] [F]
37. [A] [B] [C] [D] [E] [F]
38. [A] [B] [C] [D] [E] [F]
39. [A] [B] [C] [D] [E] [F]
40. [A] [B] [C] [D] [E] [F]

41. [A] [B] [C] [D] [E] [F]
42. [A] [B] [C] [D] [E] [F]
43. [A] [B] [C] [D] [E] [F]
44. [A] [B] [C] [D] [E] [F]
45. [A] [B] [C] [D] [E] [F]

46. [√] [X]
47. [√] [X]
48. [√] [X]
49. [√] [X]
50. [√] [X]

51. [A] [B] [C] [D] [E] [F]
52. [A] [B] [C] [D] [E] [F]
53. [A] [B] [C] [D] [E] [F]
54. [A] [B] [C] [D] [E] [F]
55. [A] [B] [C] [D] [E] [F]

56. [A] [B] [C] [D] [E] [F]
57. [A] [B] [C] [D] [E] [F]
58. [A] [B] [C] [D] [E] [F]
59. [A] [B] [C] [D] [E] [F]
60. [A] [B] [C] [D] [E] [F]

맛있는스쿨

베스트셀러 교재와
베스트 강의가 하나로 만났다!

오직 **맛있는스쿨**에서만 만나는 **특별 혜택**

회원가입만 해도 72시간 무료 수강	신규 회원 인강 및 전화 외국어 3종 쿠폰팩 증정	카카오톡 친구 전용 1만원 수강 할인권
PC / 모바일 / 태블릿 다운로드 서비스 무료 제공	기기 등록 4대 무료 제공	중국어 1:1 맞춤 학습 피드백